留 守

守望的天空

李铭◎著

陕西新华出版传媒集团

太白文艺出版社

图书在版编目（CIP）数据

留守：守望的天空/李铭著. — 西安：太白文艺
出版社,2014.8
（关注丛书）
ISBN 978-7-5513-0692-8

Ⅰ.①留… Ⅱ.①李… Ⅲ.①农村－儿童教育－研究
－中国 Ⅳ.①G61

中国版本图书馆CIP数据核字(2014)第130548号

留守：守望的天空
LIUSHOU: SHOUWANG DE TIANKONG

作　　者	李　铭
责任编辑	周瑄璞　靳　嫦
封面设计	翟　竞　高　薇
版式设计	高　薇
出版发行	陕西新华出版传媒集团
	太白文艺出版社
	（西安北大街147号　710003）
经　　销	新华书店
印　　刷	陕西金德佳印务有限公司
开　　本	710mm×1000mm　1/16
字　　数	168千字
印　　张	16.25
版　　次	2014年10月第1版 第1次印刷
	2016年11月第4次印刷
书　　号	ISBN 978-7-5513-0692-8
定　　价	25.00元

关注我们大家的伤痛

梁鸿鹰

我们乘着时光的高速列车行进,一路上迅速掠过车窗的景色繁花似锦,我们看到欢笑,领略祥和,感悟时代发展中不断生长的新气象,这些是时代的主流与主色调,因为我们的生活洒满灿烂的阳光,我们的社会充溢着蓬勃的生机,我们的幸福和欢乐是如此由衷。

但越是在这个时候,我们越是要比以往任何时候都善于体会痛苦,应该学会更清楚地体会社会与生活当中那些更为复杂的侧面与背面。因为,任何社会前行的道路,不会总是笔直、平坦的,一方面,生活本身充满了变数、曲折与坎坷,不管是个人还是家庭,都需要有面对与迎接人生变数的准备;另一方面,在一个高速发展的、剧烈转型的历史时期,社会结构、社会利益的调整,乃至价值观念的嬗变,往往不以人们的意志为转移。有的时候,富足与贫乏、幸福与痛苦、得到与失去,可能会相伴相生,但所有这一切,都不应该成为我们把社会的痛苦、个人及家庭的失意与挫折关在门外的理由。

在这个世界上,所有人都是无比紧密地连结在一起的,在大浪淘沙、排山倒海的生活面前,我们显然比以往任何时候都更加需要人与人之间的支撑。这种支撑可能是有形的,可能是无形的,可能只是目光的投注,可能会是双手的紧握,但支撑是情感的传递,是心灵的沟通,是暗夜里的灯盏,是风雪中的庇护,定会带来光亮、希望与温暖。因此,《关注丛书》有着巨大的意义和价值。

我们很快就发现,这三位作家是以自己巨大的同情、辛劳的探访、含泪的笔触,探究个人与社会的伤痛的,他们把当今社会一些特殊群体的个人之殇与社会之痛联系起来,他们在自己的作品中呐喊、发问、呼吁——为了人的幸福,为了社会的和谐,他们"肩起黑暗的闸门",表现出强烈的社会担当,传递出了全社会的人间大爱。

中国是个发展中的大国,背负着沉重的历史负担,承载着现实的多重矛盾,人口问题、老龄化问题、农民工问题,成为我们无法绕过的矛盾纠结点,在这些问题面前,作家是在场的、带着痛感给予关注的。翻阅我们这套书,大家会看到作家们对社会问题观察的敏锐与表达的入微。比如杨晓升,他泣血而书,数易其稿,他以其《失独:中国家庭之痛》,揭出大量发人深省的事实,探讨了一个对个人与家庭最为致命的伤痛——失独。"独"而复"失",何其痛哉!作家拿出了自己格外深沉的思考,他让我们感受到,当个人之痛成为社会之痛,是需要我们给予充分重视的。作品当中写到的张文良和莫学云这对普通夫妇的遭际让人感慨,他们的女儿张穆然因患卵巢胚胎癌在 16 岁便坚强离世。这位花季少女在得病以前,说自己看两朵花在一起像是在打架一样,是竞争的关系,可得病以后她的看法不一样了,觉得两朵花在一起很协调。"以前想着世界太不公平了,让我得病。现在看不过是生活拐了个弯"。唯一的孩子离去了,这对"老三届"夫妇"除了回忆,除了思念,除了想方设法让自己好好活着,这对孤寂的夫妻此生此世还能有别的什么快乐和奢望呢"？我们与作者一样，只能送上最真诚的祝福……

接下来我们看到的是《空巢：我的养老谁做主》，接受任务的弋舟被自己面对的课题震动了，他决定利用假期带上自己 13 岁的儿子一同采访。"儿子只有 13 岁，正是颠顸无忧的年纪，但我知道，我自己终将会有那个概念意义上的 95 岁，关键的是，儿子他也终将会迎来自己的 95 岁"。因为，谁也逃不过岁月的刀锋，谁也绕不开老年之痛，准备好吧——无论是社会还是个人。

辽宁青年作家李铭为这套丛书拿出了两个选题，一是《农民工性生活：情迷都市》，讲述的是农民工的性生活问题，这是在该群体中广泛存在着的"空白"——巨大而被严重扭曲。作者在书中说："真正的幸福和快乐，其实只有他们自己的内心懂得。我们能够看到那么多快乐的面孔，其实都是一种假象。每个人的内心都有着属于自己的隐私和酸楚。每个人都把自己的内心包裹上一层硬壳，不叫人接近。不是不渴望交流，而是实在无法信任——这看似强大的背后，其实隐含着巨大的脆弱。"这脆弱引发的思索应该是多方面的。他拿出的另一个选题——《留守：守望的天空》，聚焦我国数量已超过 6100 万的留守儿童，他们与 4700 万"空巢"女人和 8000 多万"空巢"老人，是我们现实社会的隐痛，尤其是这 6000 多万的农村留守儿童，真让我们忧虑啊，因为这个格外脆弱的群体的生存直接关系到我们的未来。

从这些作家的书写中，在看到当下社会生活突出问题的同时，我们更看到了社会生活角落上的那些难为人知的隐秘。有位伟人曾经说过,问题是时代的格言,是表现时代自己内心状态的最实际的呼声。这些现实的课题、普通人现实的痛楚,是与我们的生活相关联的,就说那些不幸的人们吧,正如李铭所说:"其实,他们距离我们并不遥远。只是在这样一个喧嚣浮躁的时代里,我们的脚步匆匆,身心疲惫中,忘了关照一下他人,也忘了温润一下自己。"现在,我们的作家负起了自己应有的使命,他们做的一件很有意义的事情,就是把问题摆到大家面前,让公众可以更好地聆听、关切,投以更多的热情,进而去解决这些问题。

医治社会问题的药方不是哪个人能够开出的,有些问题不可能指望一两天就得到解决,但这些作家的才情和劳动,不仅让人肃然起敬,而且能让我们吸取到许多人生的营养。

(本文作者为著名评论家、中国作家协会创研部主任)

目　　录

前　言

　　2014年1月27日,国务院总理李克强在陕西省安康市旬阳县金坡村看望留守儿童。在12岁的小姑娘杨康家里,李克强与她在外打工的父亲杨秀峰通了电话。听到父亲的声音,小姑娘哭了,李克强安慰她:你爸爸一定会赶回来吃团圆饭的。

　　杨康:爸⋯⋯家里有个大人物在屋里,总理,中央总理(应为国务院总理)。

　　杨秀峰:中央总理呀!

　　杨康:爷爷要跟你说话。

　　杨秀峰:好。

　　李克强:我是李克强,我在你的家里,跟你的父母亲、女儿在一起,

你现在在什么地方啊？

杨秀峰：我在浙江。

李克强：在浙江什么地方？

杨秀峰：奉化。

李克强：现在在工作，还是在路上啊？

杨秀峰：现在还在工作。

李克强：做什么工作啊？

杨秀峰：在海上打鱼呢。

李克强：现在在海上打鱼呢？

杨秀峰：对。

李克强：那你很辛苦，春节回来吗？

杨秀峰：回来。

李克强：年三十能赶到家吗？

杨秀峰：肯定在年三十到家。

李克强：你家里父母孩子都很好，我们来看他们，给他们祝贺新年，也希望你能够平平安安地回家。你在外边打鱼，海上颠簸很辛苦，给家里增加了收入，也给国家做了贡献，我说你们农民工是国家的功臣，不光是家里的功臣。

杨秀峰：谢谢。

李克强：船上都还有你的同事吧？你跟他们转达（我）对他们的问候，好吗？

杨秀峰：好，谢谢，谢谢您来看望我们。

　　李克强:希望你们在打鱼期间都能够平安,也希望在路上平安。

　　杨秀峰:祝您身体健康、万事顺利!

　　李克强:谢谢你,也祝你马年吉祥、万事顺意、家庭幸福、身体安康!

　　杨秀峰:我也祝愿天下父母身体健康、春节愉快!

　　李克强:你说得好,不光是祝你的父母,也祝天下父母身体健康、合家欢乐,给你们的同事们都带个好。

　　杨秀峰:好,谢谢,我一定转达。

　　要过年了,总理上门看望留守儿童。在这个寒冷的冬天,无数电视观众都看到了这动情的一幕。李克强总理的话体现了国家领导人对农民工的关注,对留守群体的关心。"我说你们农民工是国家的功臣,不光是家里的功臣。"是啊,这些"功臣"常年在外打工,家里有等待他们归来的儿童、老人和女人。

　　留守儿童、留守老人、留守女人——这是一个特殊的社会群体。留守群体,其实一直是被我们忽略的。或者说,留守群体的生存状态没有引起我们足够的重视。这样的生活现状变成了一种常态,以至于我们很多人都麻木其中了——我也是其中麻木的一个。如果不是我要写这本叫《留守:守望的天空》的书稿,我怎么会感受到他们的情感?我怎么会关注他们的生存状态? 其实,他们距离我们并不遥远。只是在这样一个喧嚣浮躁的时代里,我们的脚步匆匆,身心疲惫中,忘了关照一下别人,也忘了温润一下自己。

地铁站里到处是忙碌的面孔,大街上到处是行走的双腿,耳边到处是一声声手机按键的嘈杂,是啊,我们在文明着,也在进步着,一切都在快速发展着。我们现代人不肯停下来忙碌的身体,等等落在身后的灵魂。

留守群体——这个词语不知道什么时候,很刺眼地进入了我们的生活视野。我是 23 岁的时候,以外来人的身份,进入妻子的老家——辽西丘陵山地深处一个叫马耳朵沟的小山村。村庄不大,能够劳动的青壮年都出去打工了。跟随着打工大军,我也曾经留下妻子、孩子和老人,把自己变成打工仔,把他们变成留守群体中的一员。

那个时候,我没有思考过,也没有抱怨过。村子里的人都是这样过来的,日子像马耳朵沟的季节一样,该来的时候就来,该走的时候就走。这就是老百姓的日子,简单愚昧,却质朴可爱。没有抱怨,也没有反抗,从容安静地接受一切。

我们绝不能忽视这样一个庞大而特殊的群体:6100 万留守儿童、4700 万"空巢"女人和 8000 多万"空巢"老人。农村地区生活条件比较艰苦,自然环境也较为恶劣,人民的生活水平不高,很多人为了改善生活质量,纷纷外出打工。在这些外出打工的年轻人中,有很大一部分是上有老下有小身边有妻子的。男人外出打工就把家里的孩子留给妻子、父母和亲戚来照顾——这就是大部分"留守群体"的来源。

我们常说孩子是祖国的花朵,是未来,是希望。可是,当我们面对着 6100 万这样庞大的群体,我们有足够大的花园来绽放他们的美丽吗? 关于留守儿童,我们经常看到的是触目惊心的报道:

2009 年 8 月 7 日上午,随着最后 1 名女孩尸体被找到,发生在江西抚州市唱凯镇的儿童溺水事故,确认共有 4 名儿童身亡。短短 3 天之内,江西省内已报告有 7 名儿童先后溺亡。

2011 年 6 月 12 日下午 3 点左右,4 名小学生邀约到重庆市潼南县双江镇金龙寺沟口的涪江边游泳,不幸被湍急的江水冲走。次日,4 名小孩遗体被打捞上岸。他们都是双江镇小学学生,杨鑫 9 岁,三年级学生;其他 3 人均 11 岁,念五年级。据了解,4 名小孩都住在镇上的兴旺家园小区,父母大都在外地打工挣钱。

2011 年 6 月,家住重庆市垫江县澄溪镇,在大雷小学念五年级的 3 名女孩,23 日下午放学后一起回家。24 日晚,有人在一处积了水的采沙场废弃坑中发现了 3 名女孩的遗体。愉快的暑假还没开始,她们鲜活的生命却永远消失了。

2011 年 7 月 3 日,浑河沈阳段,3 名未成年人溺亡,其中一名 12 岁的孩子为外地来沈务工人员的孩子;7 月 10 日,沈阳市浑河站乡一处采沙形成的大水坑中两名少年溺亡,两人均是外地来沈务工人员的孩子。

2012 年 5 月 10 日,江西宜春,一个偏远的小山村。李细秀老人的 5 个孙子孙女,同时溺亡于村后的一个水塘。出事时,李细秀急忙向村里人求救。然而,却没有找到一个能下水救人的年轻人——这个季节,年轻人都出去打工了。王玉波(男,6 岁)、王意族(女,10 岁)、王心满(女,10 岁)、王宝婷(女,11 岁)、王宝兰(女,11 岁),这 5 个孙子孙女的突然殒命,让李细秀一家陷入阴霾。

2012 年 5 月 20 日下午,湖南省长沙县黄兴镇浏阳河接连发生两起小孩意外溺水事件,3 个孩子都是留守儿童,他们在不同地点野游溺水,其中 1 人死亡。

2013 年 1 月 7 日下午,河南省光山县南向店乡天灯小学 4 名小学生在上学路上溺水身亡。溺水身亡的小学生皆为男孩,分别为杨龙(9 岁,三年级)、杨可(6 岁,一年级)、曹建中(7 岁,二年级)、王帆(7 岁,二年级)。其中,杨龙、杨可二人为亲兄弟。4 名小孩父母长期在外打工,皆为留守儿童。

……

据统计显示,中国农村 6100 万留守儿童中,14 周岁以下的农村留守儿童数量为 4000 多万人。据不完全统计,仅 2013 年 6 月,全国各地就发生儿童溺水事件 40 余起,死亡人数达上百人,并且 95% 的溺亡事故发生在农村,溺亡的大多是留守儿童。

打开网页,随手输入"留守儿童溺水"几个字,你就能够看到大量的真实报道。一朵朵刚刚绽放的鲜花在我们面前迅速地凋零,留给亲人的是无尽的悲伤,留给我们的是沉重的思考。我们就是再忙,也不能忽视这些花季孩子的生命安全了。当然,溺水身亡只是一种意外事故,他们的身心还面临着各种各样的困惑和迷茫。谁能够走近他们,谁能够帮助他们!

留守儿童溺水身亡事故频发,如果我们把这一切归结为天灾人祸的话,那么,接下来我们该如何面对那些主动结束自己生命的留守老人呢？

2007 年,沈阳市顺通小区一位 83 岁的老人从家里跳楼自杀。

2008 年,北京市西城区一位名叫王心兰的老人在家中触电自杀；同年,武汉市东西湖区常青花园一位 75 岁老人在家里自杀……事后调查发现,他们有一个共同点——都是"空巢老人"。

2013 年 6 月下旬的 3 天时间里,沈阳先后有 3 名疾病缠身的老人,选择以跳楼的方式结束自己的生命。他们死于老年抑郁。但事实上,老年抑郁是完全可以治愈的,因抑郁而自杀也是完全可以避免的。在这个问题上,最需要的不是医疗手段有多先进,而是儿女们对父母的爱和关心有多深。据专家介绍,老年自杀死亡人员 70% 以上都是在农村。老年人独自居住,长期没有人照料,在精神上会很困惑,觉得生活没有希望是其中重要的自杀原因。

写到这里,我想起我们村里的四大爷来。他一生刚强,可是晚年却很凄凉。他在身体还很健康的状态下选择了自杀。而他的自杀,跟村子里其他人的死没有什么两样。没有人指责他的儿女,也没有人感觉到惋惜,生老病死的自然规律演绎得悄无声息。我刚到妻子家那个村庄的时候,四大爷还是村里的组长,村子里有啥大事小情他还都去张罗。四大爷在村子里德高望重,有一定的威信。他一生没有结婚,都是为了自己的三个侄子。三个侄子生下来以后父母相继病亡。四大爷一个人顾不得成家,拉扯着三个侄子生活。大侄子做了上门女

婿，嫁出了村庄，因为要负担岳父岳母的生活，所以不再赡养四大爷。小侄子娶的是二婚媳妇，是四大爷跑了无数次，找了无数次媒人给促成的，因为日子过得艰难，四大爷也不给小侄子添麻烦。四大爷一直跟着二侄子生活，二侄子娶媳妇盖房子，都是在四大爷的帮助下完成的。四大爷能干的时候，是不用麻烦侄子和侄子媳妇的。可是后来，侄子出去打工，侄子媳妇带着俩孩子到镇上开了家理发店，留下他一个人在村子里生活。

按照健康状况，四大爷是不该这么早就离开人世的。那年我家的房子还是土房，需要和泥抹房顶。往房顶上运泥是需要体力的，我站在二步跷板上，四大爷在地上往跷板上扬泥。那样繁重的劳动他都没有问题，像壮小伙一样健康。我也很多次看到他跟村子里的年轻人一起打麻将，他的精力真的很充沛，看不出已经是个花甲老人。他常说的一句话我还清楚地记得："有一分光发一分热。"可是侄子一家并不领情，除了过年以外，侄子一家基本不回来。他去镇上看孩子们，因为居住的房间不方便，每次也不能住下。在理发店坐和站都没有地方，只能一个人再回家。在他生命的最后几年里，他一直备受"冷暴力"折磨。这种折磨不是病痛，也不是物质，而是来自精神，他一直感受着生命的灰暗和没有希望。

他几次把自己打扮得很干净，在村子里的大树下，跟乡亲们说："我活够了，一个人一点儿奔头都没有。"据说，他出事那天中午，再次跟乡亲说的时候，有人把这番话打电话告诉给了远在外面打工的侄子。侄子在电话里笑了，说："我叔就是闹猴呢，不用管他。"四大爷的安眠药是分两次喝下的,第一次药量不够,可是没有谁来管他。绝望之下他再次喝了药,死一天了侄子回来才发现。

我回老家的时候知道这件事情,内心的错愕叫我久久无语。他的死真的轻如鸿毛,没有任何一点儿声响。三周年过后,不会有人再记起他,不会有人为他流下一滴伤心的泪。我不是在指责老人的侄子们如何绝情,这样的死亡事件在乡村并不会引起人们的注意。留守老人太多了,他们的死亡已经被熟视无睹。就是这样的一种麻木,才叫人感觉震撼和可怕。

人的生命是宝贵的,对于每个人来说只有一次。乡下俗话说"好死不如赖活着",要不是他们对生活的绝望,哪里会有这样的勇气来结束自己的生命?当那些被生活遗忘的老人们,纵身跳下高楼的一瞬,对于他们似乎是一种解脱,可是他们留给我们的不仅仅是泪水和悲伤。要知道,我们也终将会老去,我们也可能会老无所依。今天我们善待了身边的老人,明天,我们也将得到善报。

在我采访留守儿童的过程中,我感觉到,留守老人和留守女人同样是近年来出现的特殊群体,同样不能忽视。所以,我也给了他们一些笔墨。在我外出打工的 6 年时间里,我的妻子也是留守女人。她当时要在家里种地,要照顾老人和孩子。她是村里能干的铁姑娘,可是每次回来,她私下对我流下的泪水,足以说明在乡村、在都市,这些留守的女人,她们同样过得艰辛和不容易。情感的饥渴,生活的操劳,正在吞噬着这些特殊群体的心灵绿地。

为了更真实地记录留守群体的生存现状,我从南到北跑了很多地

方，重点在辽宁省西部的北票市桃花吐镇、朝阳市双塔区孙家湾镇，以及我不远千里去了陕西省安康市石泉县等地区进行深入采访。全国各地对留守群体的关注和工作开展的程度都不一样，我选择了相对典型的地区进行了调查采访。为了呼唤全社会更好地关注留守群体，我特别写到了陕西省安康市石泉县的做法和经验。虽然文字里有很多溢美之词，但这些并不只是为了宣传他们。我能够去采访，也不是受他们之托，我只是想把这种经验带回来、传出去，看适不适合在全国多个地区进行推广。当然这只是我的一厢情愿，我尽量做到客观地采访和记录。

这部书稿的写作，并不是一帆风顺。到处采访需要体力和耐心，因为是非官方行为，到哪里都要给一些朋友增添麻烦。这其中，也有一些波折。有些朋友的本职工作就在妇联或者教育部门，都有现成的关于留守儿童的典型材料，可是拿到这些材料并不容易。自己下去采访，没有目的性，也容易受到敌视。有些部门好像被新闻记者曝光怕了，生怕说错了话被我写下来捅出去，处处小心谨慎，不肯提供最真实的数据，更不愿意配合我找到当事人进行采访。这个时候，我心底总要涌现几分酸楚，因为就是他们"树叶掉了都怕砸脑袋"的工作作风和"多一事不如少一事"的工作理念，才会形成我们很多部门的不作为。简单的采访调研，被看成洪水猛兽一样可怕。换位思考的话，他们的顾虑可能是可以理解的，可是，在我的情感深处，是不能得到认同的。

而同时，我也感受到更多人的热情。他们的热情不是冲着我这样一个名不见经传的作家，而是对我要采访的留守群体充满感情。他们不图名利,只希望我能够如实记录留守群体的艰辛和坚强、乐观和坚韧,引起社会的广泛关注,改善留守群体的尴尬境地,营造真正的和谐社会、和谐村庄、和谐家庭。忘不了这一年多的时间里,我走访的那些家庭还有那些孩子和老人们,他们眼神里流动的渴望,像一枝枝荆棘刺入我的内心。叫我疼痛,也叫我温暖。我能够做的,只能扎根生活,躬身前行,不辜负养育我的乡村,不辜负那些留守的人们!本书中涉及的姓名因为出于保护当事人权益的考虑,基本都做了处理。

第一章　孩子的心声

留守儿童日记

　　这是一群留守儿童的日记,感谢我的朋友帮助我收集整理下来,并撷取其中有关留守儿童生活方面的内容。我们一共选取了8个孩子的26篇日记,这些日记真实记录了他们的心路历程,记载着他们的喜怒哀乐。得到这些日记颇费了周折,在取得他们同意的情况下,出于对未成年人保护的目的,我们还是对姓名做了替换处理。为了展现留守儿童的生活和学习内容,日记中其他方面内容的段落适当做了些删减。

　　透过这些留守儿童的日记,我们洞悉了他们真实的想法和声音。一篇日记就是一个留守儿童的心声,一篇日记就是一个留守儿童的足

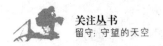
迹,静静地聆听,感受他们的渴望,原来幸福如此简单。

走进他们的心灵世界,与留守儿童的脉搏一起律动……

一颗颗青涩的果子

在季节的枝头

过早地承受风雨

一张张纯真的笑脸

在岁月的田野

绽放着成熟

走进那些美丽的心灵

聆听山泉的欢唱

清澈的世界

一下子变得更加透明

……

留守儿童日记节选 1

人物:孙红梅

年龄:11 周岁

2009 年 1 月 25 日　除夕夜

今天过年了,有爸妈的年,真好。记得上一次跟爸妈一起过年,还是三年前。爸早早就开始准备年货,还去集上买了一只羊,说是跟城里人学的,要给我们做烤全羊。

妈手真巧,给我织的帽子,二丫稀罕够呛,要拿她的那双皮手套跟我换。哼,我才不干,上次偷偷戴了一下她的手套,看她跟我急的,像要吃了我似的。她说那是她妈在北京给她买的,她都舍不得。你舍不得,我也舍不得呢,这是我妈给我织的。

还没等吃年夜饭,弟就缠着妈要放鞭炮,爸妈在锅台边忙了大半天,我也跟着忙活,就弟不懂事,不是这事就是那事。也是呢,他才多大呀,我像他那么大都不记得爸妈的样子。弟比我幸福多了,还能跟着爸妈一起在城里住,而我只能在家偷偷地想他们。

放完鞭炮,吃完饺子,我和爸爸妈妈守岁,弟弟先睡了。爸爸和妈妈也睡着了,不知道为什么,我一点儿睡觉的想法都没有。我看见墙上的挂历,真想把时间改掉。唉,我要是有那样的本事就好了,我就可以让时间慢慢地过,让爸妈不再离开我。

2009 年 2 月 9 日　元宵节

今天元宵节了,镇上有花灯,二丫喊我跟她一起去看灯。我没去,明天爸妈就走了,我想跟他们多呆(待)会儿。

外面的烟花真好看,一闪一闪的,不知道谁家放的,照得我家屋子里都五光十色的。白天在外面踢口袋,不小心把裤兜撕破了,妈一边叨咕着要我以后小心,别毛手毛脚,一边给我补裤子。妈说她不在我身边,要我好好照顾自己,照顾奶奶,说我是大丫头了,该懂事了。我哭了,妈也哭了。我说,妈你们不走不行吗?或者带上我跟奶奶一起走。妈哭得更厉害了,我知道她舍不得我。爸在旁边不停地抽烟,一

声不坑(吭)。好久他才说话。他说再干上一年，等攒够了翻新房子的钱，就回来。

房子不是有吗？非得跟人家一样要大房子吗？我不要大房子。

弟今天说他跟爸妈到城里以后会想我的。其实，我也想弟。前几天我俩打架的事情，其实也不都是弟的错。我是姐姐，应该让着弟的。唉，我知道爸妈的难处，要是再带上我出去打工，就赞(攒)不下钱了。

2009 年 4 月 19 日　星期日　小雨

外面下雨了，不大的雨，却很冷。早上，奶奶把邮局寄来的汇款单给我看，爸又汇钱了，奶奶让我帮着看看这次汇了多少。我看了一下，说两千。奶奶在那数道(叨)着种地雇人需要花的钱。我边写作业边听着。

吃过中饭，奶奶拎把伞进屋来，让我跟她一起去邮局取钱。邮局在镇上，八里地。真不想去，作文和日记还没写呢。

到了邮局，还真不少人，同村就好几个，听着他们的对话，种地了，在外打工的叔叔伯伯们都往回寄钱了。又在听他们念着今年化肥又涨了多少钱的事，还有村东老李家谁谁结婚随份子的事。钱钱钱，都是钱！爸妈，你们听到了吗？家里缺的不光是钱。

晚上，我又睡不着了。想爸爸妈妈，也想弟弟了，他一定长高了不少。

第一章／孩子的心声

2009 年 5 月 28 日　星期四　小雨

今天端午节,学校放假。有时候特喜欢上学,不知道为啥,怕过节,特别是这种一家团圆的节日。

下雨了,今年的雨怎么这么多呀?跟奶奶吃了粽子,奶奶身体不好,我就学着包粽子。我本来是不想叫奶奶包粽子的,家里五口人,三口人都不在家。我们吃粽子也感觉不到香甜。可是奶奶坚持,唉,我知道奶奶的心里是怎么想的。她也想爸爸妈妈和弟弟了。她不说,可是我有时候看到奶奶偷偷看弟弟的照片,还抹眼睛。

下午就开始给爸妈打电话,总是无人接听。不会发生什么事吧,我跟奶奶都担心着。

晚上,电话响了,妈打来的,说今天加班,回来很晚。我先接的电话,妈的声音很低很哑,好像很累的样子。我本来想好的一肚子话,忽然就不知道怎么说了。挂了电话,我就跑到西屋,偷偷地哭了。不想让奶奶看到我哭的样子。

我知道爸妈在外面很辛苦,很累。我长大了,应该懂事了。爸妈你们放心吧,家里有我,我要好好学习,好好照顾家。

2010 年 2 月 5 日　星期五

今天,是我的生日,过了年,我就 12 岁了。早上奶奶给我煮了 5 个红皮鸡蛋,还用红纸匀上颜色。没等到妈的电话,我以为妈会早早打来给我祝贺生日呢。可能是等着他们回来一起给我庆祝生日吧。

明天是小年。奶奶今年做了不少灶糖,还有糖葫芦,她说要给弟

弟留着。想着马上就要见到他们，我心里可高兴了。

院子的雪，我没都扫干净，靠栅栏边的留了一些，等弟弟回来，我跟他一起堆雪人。

晚上，终于等到妈的电话。妈跟往常一样嘱咐我一些话，我也兴奋地跟她报告着我的期末考试情况，还特意说了我的征文获奖的事情。最后妈把电话给了爸，爸的声音比平时低沉很多，我预感到有事发生。爸说，今年过年不能回来了，说那边还有很多事没结束，说再等等就回。不知道为什么我却义（异）常安静，我没有哭，没有向他们要生日的祝福，他们不是忘记了，我想他们是太忙了，太累了。

爸爸妈妈，我很乖，我要做个坚强的孩子。

留守儿童日记节选 2

人物：王美妮

年龄：12 周岁

2010 年 7 月 16 日　星期五

今天真热，一大早就被树上的知了吵醒。爷爷呼（烀）了两穗苞米给我当午饭，他用塑料袋包好，还在外面包上个白手巾。我说，爷爷你捂太严实，到中午就搜（馊）了。爷爷也没管我，还是把苞米放我手上，说，妮儿，今天就带这个去吧，夏天的饭不好做，带别的更得搜（馊）了。

没办法，离学校太远，要走十多里山路，老师说，到了初三就可以住校了，真想快点儿到初三，那样就不用天天这样赶路了。这几天肚子疼得厉害,头也晕。好久没接到妈的电话了,总是说没事不要给她打,她在别人家做保姆,不好总接家里电话,可是我想她啊。

家里电视又坏了,上次让二娃帮着修理,壳打开了,两个零件说什么就是组装不回去了。他也倒是能将就,把两个零件用线接到壳外面,就这样吊着。我可不敢看,万一爆炸了怎么办?

肚子还疼,搅搅地疼。

2010 年 7 月 20 日　星期二

马上放暑假了,今天给妈打了个电话,我说放暑假去城里看她。她支支吾吾地说不方便。说她的主人病了,她在医院护理呢,这几天忙坏了。然后嘱咐了我几句话,就匆匆放了电话。

爷爷白天说,听天气预报这几天有雨,问我啥时候正式放假,好把土豆起了。我没敢跟爷爷说这几天我不舒服的事,晚上肚子疼睡不着,我就偷偷哭,我是不是快死了?想妈妈,特别想。我怕妈妈回来见不到我了。如果我死了,妈妈一定伤心死了。

我不能死,我还没长大呢,我还有好多事要做呢:我要上大学,我要去北京,妈妈答应我要带我去城里,买最漂亮的衣服,吃最好吃的食物。

妈妈,不是我不懂事,我想快点儿见到你。妈妈,我想你。

2010 年 7 月 22 日　星期四

天啊!早上起来看见被子上都是血,我吓哭了,我的身体还在流

血,一直在流。

不敢让爷爷看见,我把裤子直接叠进柜子里。怎么办? 我想到了妈妈,可是妈妈太忙了,还得伺候病人,我该怎么办呢? 头还在晕,肚子还在疼。

有没有人以后看到我的日记呢? 我该跟他们说点儿临别的话吧。

爷爷,我对不起你,上次柜子的苹果是我偷吃的,我告诉你是被老鼠咬的,害得你满屋子找老鼠。还有,你生病,大姑买给你的罐头,是我用钉子钉了个洞,我没吃过杨梅,我就想尝尝那个味道。其实一点儿不好吃,太酸了。爷爷我错了,我总是在你面前耍小聪明,总把你当成糊涂老人,跟你恶作剧。可是我知道你是宠爱我的。

妈妈,我见不到你了。你的妮儿快死了。妈妈,对不起,有时候我不听你的话,惹你生气了,你为了我能过上好日子,出去打工,给人家当保姆。妈妈,女儿不能报答你的养育之恩了,女儿舍不得离开你。

头晕晕的。妈妈,我想睡了。

2010 年 7 月 23 日　星期五

一天我脑子都昏沉沉的,脑子里总是出现晚上的情景。李老师看着我无精打采的样子,走过来问我怎么了,我所有的委屈此刻全都涌出来了,边哭边断断续续地把这几天发生的事情跟老师说了。老师拍着我说,恭喜你,你长大了! 这些都是正常的生理现象。像你这么大的女生到了这个年纪都会这样子的,别害怕。

然后老师就带我去了她的办公室,详细给我讲了青春期的好多小秘密。还说,本来学校已经安排了这个课程,正准备给女生举办个青春期讲座呢。

原来是这样啊,我终于明白了。

晚上,我给妈妈打了电话,我告诉妈妈,我长大了。妈妈在电话那边"哦"了一句就挂了。妈妈好像没有听清楚我说的,我知道她又忙了。

留守儿童日记节选3

人物:张晓刚

年龄:16 周岁

2011 年 7 月 1 日 星期五

中考终于结束了,本来定好了,爸妈答应我回来陪我考试的,结果中途有了变化。不但爸爸没回来,妈妈也没回来。电话倒是打回来好几个,舅妈接的,怕影响我复习,没敢直接喊我接电话。我知道他们也在替我着急,有什么办法呢? 在外打工,身不由己。我理解爸妈,他们不容易。

可是,现在马上面临着填报志愿,厚厚的考试指南,我能够选择的有几所? 身在农村,能够升高中的没几个人,大部分都跟父母一样,出去务工了。我不想,我想读书,我想出人头地,我想改变自己的命运。我知道,唯有上学,唯有读书。

自己觉得考得还不错,只是没经历过这样的选择,多想这时候父

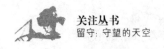

母能够陪在我的身边，给我一个主心骨，哪怕他们也无从替我抉择，只要他们在，就好。

今天去了学校一趟，跟老师商量了一下，按照我估的分数，报一高应该没问题。老师说还是让我回去跟爸妈商量一下，毕竟是人生的一次重大抉择，父母的建议很重要。

我还需要打这个电话吗？父母离家很多年了，他们现在只知道往家寄钱，别的对他们来说似乎都没赚钱重要。都说我们这些九〇后的孩子不知道体恤父母，不懂得亲情，甚至冷血，可有谁知道我们的苦衷？

也没什么不好的，课文里说"天将降大任于斯（是）人也，必先苦其心志，劳其筋骨，饿其体肤，空伐（乏）其身"。我习惯了这种磨难，习惯了在磨难中前行，对我也是一种磨炼。

晚上跟舅舅舅妈商量一下吧。我庆幸，没有父母的疼爱，却有两位至亲的照顾，以至于我没有走偏了路，我算是幸运的吧。

真想早一点儿把书读完，去见识一下外面的风雨，早一点儿扛起男子汉的责任，让父母不再饱受生活的煎熬，能够有一个幸福快乐的晚年。

2011 年 7 月 15 日　星期五

今天接到录取通知书了，我梦寐以求的学校。我高兴得不知怎么才好，第一时间给父母打了电话。爸妈也为我高兴，妈还在电话里哭了。我也抑制不住喜悦的泪水，算了，不再压抑了，就让它狂奔吧，我这是第一次体会到什么叫喜极而泣，什么叫男儿有泪不轻弹。我知道,跟别人相比,我能有今天实在不容易。跟我从小玩到大的同学里,就我一个人读到了高中,而且还是重点高中。

早听说学费贵,爸妈又得犯愁了。爸妈不在身边的日子,我学会了节俭,更学会了自立。未来三年的寄宿生活,我不会不习惯的,我要用这三年的时间,让自己的人生来一次飞跃。

下午刘宣轩来找我,来跟我告别,他说最近两天就要走了,去他爸打工的工地。这次他没发挥好,本来他想复读的,结果回去跟家里人一商量,他爸坚决不同意他复读,跟他说,读再多的书也得走向社会,也得赚钱养家,不是那块料,还不如早点儿出去赚钱。他爸那边给他找了个学徒的活,让他早点儿过去。看着他垂头丧气的样子,我也无能为力,我无法帮他什么。我只能庆幸我没有那样目光短浅的父母,我幸运地做了我父母的孩子。

留守儿童日记节选 4

人物:张松涛

年龄:14 周岁

2009 年 2 月 26 日　星期四

爸又走了,回深圳。过年,爸只象征性地陪了我不到两天,就被他的酒肉朋友拉去喝大酒了。

不记得啥时候喜欢上了写日记,一个人面对着空空的房间,特别是在寒暑假,没人陪我说话,只能跟日记说话。

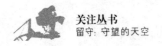
妈妈又有了新男友，从她身上那件新的刁（貂）皮外套上看，这个人是很有钱的。我已经记不清妈妈换了多少男友，我已经习惯了她这样的生活，反正隔两天回来看我一次，帮我洗衣服，把我的冰箱塞满。别的我也懒得问了。

马上要开学了，真不爱上学，每天觉得特没劲。

2009 年 3 月 31 日　星期二

开学以后的第一次月考，考得一塌糊涂。老师要找家长，也不知道老师跟我妈咋说的，妈今天能过来吗？

这学期不知咋，啥都提不起精神。爸走一个月了，也没一个电话。上次妈回来了，嘘寒问暖了一阵，然后隔几分钟就开始看一次表。看着她心不在焉的样子，我也懒得跟她说什么。

Q 上认识一个朋友，在玩网游，跟我说了好几天了，说还能赚钱啥的，我有点儿动心，但不敢玩，上瘾咋办？爸知道，没收了电脑咋办？少了这个陪我做伴，我就更没意思了。

跟妈说给我配个手机，方便随时跟她联系，也不知道她当回事没。大多数同学都有手机了，就我没。妈让我管我爸要，说深圳那边这些东西便宜，我可不敢张口。爸脾气暴躁，现在是他常年不回家才对我笑逐颜开的，如果天天在家，指不定咋打骂我呢，我可见识过爸从前打妈妈的场景，就为这个，我现在都在恨他。

爸不回来挺好，他说等在那边站稳脚跟了，把我也接去。我可不想去，可不想跟他去受苦。

26

妈不一样,妈啥事都随着我,本来我判给爸的,自从爸去外地工作,妈就开始照顾我。妈是个可怜的女人,总是想把自己的幸福寄托给男人,可男人有几个靠得住呢?就像爸。

留守儿童日记节选5

人物:赵婉婉

年龄:16周岁

2010年11月27日　星期六

今天周末,早上早早就被王姨喊醒。打开门一看,外面好白啊,地上、树上全都是雪,晃得我睁不开眼睛。我费力地推开大门,踩着厚厚的雪,在雪地里转了好几圈。

刚下的雪真是晶莹,我轻轻捧起一把,仔细观看,雪还真的是六角形的,而且在光线下闪着银色的光。太美了!从来没仔细观察过雪,看着它慢慢地在手心中融化,慢慢地变成水珠。

喜欢雪的纯净,喜欢雪后的样子,一切繁乱和污浊都被雪隐藏,世界安静了,整洁了。雪是个精灵吧,不然怎么会拥有天使般的洁白,从遥远的地方急急地奔来,而且那么轻那么轻,轻得听不到一点儿声音,一夜之间,周围的一切都被它魔术般地改变。真想我也能够拥有这样神奇的能力。

晚上又想起了妈妈,天堂那边的你还好吗?你那里也会下雪吗?

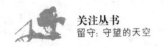

2010 年 11 月 28 日　星期日

昨晚梦到了爸爸,他是跟妈妈在一起的。妈妈离开我很久了,爸爸娶新妈妈都已经四年了。不知道为什么,妈妈的样子在我的梦里总是很清晰。我不敢太用力地想她,只是在睡不着的时候,或者是在梦里。

爸爸在外地工作,他一直说是怕我没人照看,才给我找个新妈妈的。王姨对我还算不错,照顾我的生活起居,按说我应该好好跟她相处,把她当作亲人,可是我却怎么也无法对她喊出妈妈这两个字。在我的心里,妈妈已经被定格,是任何人都无法取代的。

爸爸,你懂女儿的心思吗? 不知道多少次,我在梦里总是梦到我们一家三口快乐笑着的场景,醒后,我就偷偷哭,不敢发出声音,我就躲在被子里,任泪水打湿枕头。爸爸,你能懂得吗? 女儿真正缺的是什么? 不是你每个月寄来的零花钱,也不是电话那头一句虚(嘘)寒问暖,女儿需要你的陪伴,需要一个真正的家。爸爸,你懂吗?

留守儿童日记节选6

人物:刘小倩

年龄:9 周岁

2010 年 6 月 24 日　星期四

今天天气晴。婶婶回家了,叔叔去医院接的,还带回来一个胖弟弟。胖弟弟就知道哭,哭得我心烦。可奶奶却笑得合不 lǒng(拢)嘴,她说,我们刘家终于有后了。啥叫后呢? 是说胖弟弟是后来我们家的意思吧。

2010 年 6 月 30 日　星期三

今天天气晴。胖弟弟回来好几天了,奶奶还有叔叔婶婶天天围着他转。还不让我去他们屋里。

放学回来写完作业,我拿出画笔开始画画,画了爸爸和妈妈,还有我。春天的时候,妈妈说等冬天了就回来,我不想等冬天了,我现在就想让他们回来。

2010 年 7 月 5 日　星期一

真可恶,又被他吵醒了。天天哭天天哭,哭得我睡不着。

我觉得奶奶越来越不喜欢我了,还有叔叔。以前叔叔总带我出去玩,现在看都不看我一眼。他们眼里都只有胖弟弟。胖弟弟,我恨死你了。

2013 年 7 月 16 日　星期五

今天天气阴。我想妈妈了,特别想。学校要放暑假了,我让奶奶给妈妈打电话,我要去找妈妈。

2013 年 7 月 17 日　星期六

今天天气小雨。外面下雨了,我自己坐在窗台前真没意思。昨天妈妈来电话了,我说我想她了,让她回来接我。妈妈说宝贝乖,爸爸妈

妈很忙,没时间带我出去玩,让我乖乖地在家听奶奶话。我不高兴,哭了。奶奶挂了电话,带我去商店买了不少好吃的。看在仙贝(一种小食品)的面子,我先不想他们了。

留守儿童日记节选7

人物:杜旭东

年龄:10周岁

2013年4月17日　星期三

爷爷真是一个叫我既爱又恨的人。怎么说呢,爷爷真是一个复杂的人。

比如,他平时对我非常凶巴巴,我要是起床晚了,或者在外面跟小朋友打架了,他就先吼我。可是,家里有一口好吃的,他又想着我。谁知道呢,大人都是复杂的。就像爸爸和妈妈,他们常年在外面打工,很少回家。回家的时候,妈妈就抱我,不知道为什么,我总感觉不得劲。妈妈有一回说我对她不亲,说我是狗崽子。我知道妈妈不是故意这样骂的,可是,我真的感觉妈妈好陌生。每次妈妈抱我的时候,我不是故意的,但就是躲了一下。

2013年4月22日　星期一

家里的大黄狗要当妈妈了。我看到它很高兴。这几天它往窝里搬东西,它要给没出生的宝宝做个暖和的窝窝。爷爷的脾气越来大,他唉声叹气。我不知道该怎么帮爷爷,夜晚他经常咳嗽。爷爷咳嗽一声,我的心肝肺都跟着疼。

2013 年 5 月 9 日　星期四

宝宝出生了,大黄狗真伟大,它一下子生了五个宝宝。毛茸茸胖乎乎的狗宝宝真可爱。我把大黄狗生宝宝的事情告诉好朋友吴思乐和李佳星了,他们都要我送一只狗崽。我说没有问题,反正给他们一人一只,还剩下三只呢。

2013 年 5 月 30 日　星期四

爸爸来电话说,老板不给开工资,不能寄钱回来了。爷爷买种子和化肥的钱都是赊欠的。家里好多天都没有吃过肉了。放学回家,我听到大黄狗汪汪地叫,跑到狗窝才看到叫我伤心的事情。五只狗宝宝就剩下两只了。

我追问爷爷怎么回事,爷爷说,家里没有那么多粮食,大黄狗喂不活那些狗崽,就丢掉了三只。我不知道爷爷把狗崽丢到哪里去了,问他也不说。

大黄狗是瘦得不像样了,身上没有多少肉。可是,那些都是它的孩子啊。丢了它的孩子,它一定很心疼。

晚上我睡不着,就想,我也是爸爸和妈妈的孩子,他们也会想我吗?

一想到可怜的狗宝宝,我就伤心。

2013 年 6 月 7 日　星期五

好朋友吴思乐和李佳星又跟我打听狗崽的事情。我不知道该怎么跟他们说。唉，生活怎么这么烦啊！昨天晚上我做梦梦见了那三只狗崽，真事一样。它们在前面跑，我在后面追。追到一个悬崖边上，我掉了下去，梦就醒了。

狗命也是命啊，它们的命可真苦。

留守儿童日记节选 8

人物：李晓丽

年龄：9 周岁

2013 年 3 月 4 日　星期一　晴

今天妈妈又要出去打工了。家里盖房子欠下的债，指望爸爸一个人干活打工还不过来。妈妈着急，就说要出去打工。爸爸不叫妈妈出去，妈妈就没有说话。爸爸走了一个星期，妈妈就打电话找好活了。

妈妈问我愿意她出去吗，我没点头也没摇头。我要做个坚强的孩子。车开走了，留下我和爷爷奶奶，还有一座新盖的大房子。我家的房子是村里最好最大的房子，可是，房子里没有爸爸和妈妈，要是爸爸妈妈也在房子里，我家就是幸福第一了。

第二章　失衡的天空

　　他们,本来跟普通的孩子是一样的,生活里面有鲜花,有笑脸,有阳光、青春、健康、活泼……"留守"两个字代表着一种身份上的特殊,这个词语放在具体孩子的身上,就显得有些贬义和忧伤的色彩了。花季的少年,本来应该拥有一片晴朗的天空。可是,他们的世界是寂寞的、残缺的,失去了平衡的季节,使他们迷失在青春的旅程中。

　　我们下面记录的人物和事件,可能是一种社会的个例,但是这种个例绝不是偶然的。或许你觉得很多事件过于残酷了,但我还是建议能够揭开这层残酷,重新感受一下那份震惊。只有这样,我们才能够关注这群特殊的孩子。很多病痛只有到了晚期,才能引起我们的警醒。很多事情只有到了恶劣的程度,才会被我们足够地重视。

好吧，不能防患于未然，那么，亡羊补牢，犹时未晚。

在我们生活的周围，出现了越来越多的留守儿童。父母去了外地，把孩子交给了老人和亲戚。由于这些监护人自身受教育程度有限，监护有欠缺，所以由留守老人和留守儿童组成的家庭里，不断出现这样或者那样的问题。

首先，监护人责任意识不强，认为孩子的父母不在身边，不能对他们要求太严格，应给孩子更多的爱，不忍批评，一切顺着他们。其次，监护责任不明确。监护人往往只从身体健康方面考虑问题，重吃饭穿衣轻学习教养，重身体健康而忽视心理健康和人格健全发展。三是监护精力跟不上。由于监护人大多数是老年人，年纪较大，没有文化，身体病弱，有的有心理疾患，甚至还需要别人来照顾，所以同时要监护一个或几个留守儿童，对他们的监护只能是心有余而力不足。

现在，一方面社会经济飞速发展，另一方面农村的经济社会发展却相对滞后，尤其是边远山村。因此，农民不得不想办法改善家庭经济生活条件，让自己的孩子摆脱这种祖祖辈辈都无法摆脱的困境。当最基本的生活问题都无法解决时，他们只能选择进城务工赚钱来养家糊口，从而使儿童在不完整的家庭中成长，在流动——留守——流动的变动中长大。因此，农村经济社会发展滞后是造成那些留守儿童问题的最根本的原因。

由于家庭生活的不完整，留守儿童过早、过多涉足社会的各个方面，网络游戏、色情影像等在他们幼小的心灵上形成了深刻的印象，他们把一些与社会和道德格格不入的东西当作时髦去追求。抽烟、酗酒、奇装异服、哥们儿义气等等,是大多数留守儿童身上都存在的问题。

社会因素中还有一个不可忽视的方面,就是歧视农民工子弟。由于存在部门利益至上的缘故,各级政府已经制定的有关进城农民工子弟在其父母工作地接受同等教育的政策不能落实,进城农民工子弟无法享受与当地儿童同等接受教育的权利。这些因素都是构成留守儿童健康成长的隐患。

陨落的花朵

这山是我熟悉的

这水是我熟悉的

这草比妈妈走的那年还绿

这阳光比爸爸打工的深圳还耀眼

河水多么清凉

走,我们去游泳

带上妹妹,带上弟弟

带上七岁的孤单、八岁的寂寞

带上九岁的无助、十岁的思念

在水里是多么快活,多么自由

怎么了,妹妹在水里没了影子

快拉她上来，弟弟拉着我的手

妹妹拉着我的手，快上去，快上去

水好深好深，好凉好凉

水草好滑好滑，鱼儿对着我露出惊讶的表情

快上去，快上去

奶奶还在家等着我们呢

爸爸妈妈，我的学校

亲爱的课本，美丽的世界，才刚刚发芽

弟弟，妹妹，拉着我的手

在天堂我们也在一起——

做一个不再留守的孩子

2013年6月26日，对于文奶奶来说，是她一生的梦魇。就在这一天，三个孙儿一起离她而去。三个同胞兄妹，大的只有10岁，小的年仅5岁。

"崽崽啊，怎么都走了啊！"这撕心裂肺的哭声震惊了乡野，也震痛了无数人的心。

这一天是星期三。上午，刚刚结束期末考试的哥哥小战放下书包，见奶奶没在家，就拎着水桶喊着比他小一岁的妹妹："小莉，走，咱俩去池塘先洗衣服，一会儿回来写作文，老师说明天上午就要交。"小莉便跟在哥哥的后面向池塘走去。最小的弟弟小沫沫马上大声喊着：

"等等我！我也去！"

"不带你去！你乖乖在家等着睡午觉吧。"姐姐小莉头都没回，甩给小沫沫一句话，就跟着哥哥一溜烟地跑了。小沫沫在后面跟跟跄跄地踩着哥哥姐姐的脚步，也跑向了池塘。

村头的这个大池塘面积有 30 亩左右，水面很开阔，池塘里种满了荷花，一池清荷在阳光的照耀下愈显青绿，粉红色的荷花一朵接一朵比肩绽放。村里人都喜欢在池塘边洗衣服，夏天一到，小孩子们也都脱得光溜溜地在池塘里面游泳、嬉戏。这个池塘俨然成了全村人的乐园。

小战把水桶放在岸边，脱下背心短裤，蹲在池塘边开始洗衣服。小莉也学着哥哥的样子，脱下粉红色碎花连衣裙洗了起来。两人正洗得起劲，后面尾随来的小沫沫也到了。小沫沫站在岸边，看着哥哥姐姐，不敢往水里走，嘴里嘟哝着："哥、姐，我也要洗衣服。"哥哥小战边洗边回头看着弟弟，冲他喊："你别下来，你个子太小了，水会把你冲跑的。"

"不嘛！不嘛！我也要洗。"小沫沫一边说一边脱下身上的小背心小短裤，一步一步地往水里走。

小沫沫走到哥哥姐姐身边，找了块石头蹲了下来，学着哥哥的样子，往衣服上撩着水。调皮的小沫沫看着哥哥姐姐在认真地洗着衣服，没人理他，他就跳下石头，站在水里向姐姐的身上撩水，小莉生气地还击，两个孩子在水里嬉戏起来。小沫沫为躲避姐姐的追赶向池塘深处跑去。池塘底下都是淤泥，小沫沫没走几步就陷入水中，没等着

他开始挣扎就被池水吞没了。小莉眼看着弟弟一下子就没了踪影，急得朝弟弟失足的水面奔去，大声地喊着弟弟的名字……

岸边还在洗衣服的小战听到喊声也奔了过来，两个孩子疯了似的奔向弟弟落水的地方，在水里摸索着。小战和小莉都不会游泳，越走越深，眼看着水没到了两个孩子的肩膀，他俩挣扎着想转身往岸边走，可是池塘下面的淤泥却无情地将他俩拖住。小莉的胳膊拼命地在空中挥动，她大声地哭喊着："哥哥，快救我！"而哥哥此时也无法挪动身体，他未等喊出一句安慰妹妹的话，就被无情的池水包围，眼看着兄妹两个小小的身躯都不见了踪迹。池塘像什么也没发生一样，又恢复了往昔的宁静……阳光还是那样耀眼，荷花还是那样娇艳，而人间的悲剧，已经悄悄上演。

中午，一个村民途经池塘，看到池塘上面漂浮着一个孩子的尸体。由于距离太远，他无法确认孩子是谁，随即他把这个消息报告给了村委会。村里人从四面八方奔到事发现场，见到的是5岁的小沫沫的尸体，而此时大家还不知道小战和小莉也被池水吞没。

在池塘岸边，人们发现了三双小拖鞋和一个水桶，由此判断，小战和小莉也失足落水。紧张的搜救打捞工作开始进行，孩子的大伯也从外村闻讯赶来搜救。他焦急地搜寻着，一声声喊着孩子们的名字，可是，偌大一个水塘没有任何声响回应他。直到下午3时，小战和小莉的尸体才被找到。

当村里人抬着孩子三具冰冷的尸体走进文家，文奶奶顿时昏厥在地。她实在难以承受这样残酷的打击。三个鲜活的小生命上午还好好的,转眼就与她生死永隔。三个孩子的父母去年去深圳的酒店打工,孩子的爷爷又是个智障残疾,每天的生活起居还得要老伴儿来照顾。文奶奶一边要操持家务,一边还要料理孩子们的饮食起居。

老人用颤抖的手,一个个地抚摸着孩子冰冷的身体,老泪纵横。三个曾经给她的晚年生活带来多少快乐与慰藉的宝贝疙瘩,就这样同时抛下她而去。她自责,她后悔,她心痛,她感觉对不起太多的人,她没有照顾好可爱的孙儿。不求无功,但求无过。文奶奶怕就怕三个孩子在她手上有什么闪失。可是,惨绝人寰的悲剧还是发生了,这对年近七旬的文奶奶来说,无疑是一场天大的灾难。

"就让我用这把老骨头换回你们吧!怎么就这样都走了呀!我怎么跟你们的爸妈交代啊!"奶奶的哭声怎么也无法唤醒三个可爱孩子的生命,他们永远地去了,永远都不会再醒来。

惨剧已经过去几个月了,家人还是无法原谅这位可怜的老人。老人不仅承受着丧孙之痛,还要承受着儿女的误解和怨恨。

我们能批评孩子的父母吗?如果条件允许,如果不是为生活所迫,他们哪里会狠心割舍,放弃陪伴孩子的机会?

我们能批评孩子的爷爷奶奶吗?年逾古稀的老人,本该颐养天年,享受着天伦之乐的生活。可是,命运却给了她如此残酷的打击,让她承受着常人无法承受的悲恸。

留守儿童问题不仅仅是一个家庭的问题,它早已变成了社会问题。我们不仅仅要呼吁,还要切实地从实际入手,帮助更多的留守家

庭解决他们的实际困难，避免留守儿童意外伤害的惨剧再次发生。

留守少年制造的血案

事发江西。2013 年 9 月，一个 17 岁高三男生制造了一起骇人听闻的血案。我们没有亲临现场，可是从报纸上、网络上看到的画面还是触目惊心。凌乱的书桌，摔倒的桌椅，地上是一摊摊鲜红的血迹……男生贾伟的举动震惊了社会。而在发布这条消息的网站，我们看到了很多跟帖留言，更加叫人心痛。

这是一个网络时代，在文明进步达到登峰造极的时代里，人类的道德底线似乎跌到了谷底。在网络媒介上表现最叫人痛心的是发言不用负责，尽管近些时日，我们的网络监管加大了力度，处置了一些非法之徒，可是，更多的网络垃圾我们清除不掉。很多衣冠楚楚的文明人，一旦披上网络的面纱，就变成了狰狞的魔鬼，就可以随便污蔑、造谣、中伤……在留守少年贾伟制造血案的事件中，很多网民不是心痛和震惊，而是幸灾乐祸，这近乎麻木和变态的反应，叫我们加重了悲痛。年轻的老师因为责任心强，对学生的监管严格而命丧办公室，他的死到底值不值得？那个杀人的少年，本来是该带着一颗感恩的心，可是他举起了利刃，杀害了自己的老师，也葬送了自己的前程。面对着这样的血腥，我们怎么能够调侃得起来？

又是留守少年！

在家里人和村里乡亲的眼里，贾伟是个阳光的小帅哥，虽然平时话语很少，可也是个懂事听话的乖孩子。他和姐姐学习都很好，这叫爸爸和妈妈很是欣慰。他原本不该到那所重点高中上学的,可是,那所重点高中是无数考生和家长心中的天堂。这个学校的高三共有1500名左右的学生,很多学生是慕名而来的。因为这所高中的高考成绩位居全省同类学校的前列,据说,曾经输送少年班大学生29人,146人免试保送到全国重点大学,90人考入了北大和清华等重点名校。

贾伟和姐姐在初中的学习成绩都不错,姐姐进入这所重点高中以后,成功考上了理想的大学。这叫贾伟的爸爸和妈妈更加坚定了送贾伟来这所高中上学的决心。尽管日子拮据,爸爸妈妈也希望贾伟能够成为骄傲。已经有了女儿变成凤凰,自己的儿子也一定能够成为金龙。爸爸和妈妈没有什么特别的本事,家里的收入不多,学习费用不少,尤其是姐姐上了大学以后,花销更大了,所以他们一直在外面打工,日子捉襟见肘,但是看到姐弟俩的成绩,他们还是欣慰的。

姐姐高中的时候,一直跟贾伟一起在校外租房同住。贾伟在初中的成绩也不错,可是到了高中以后,他发现这里的竞争太激烈。37个班级按照学习成绩的好坏排了档次。学校的考试压力很大,老师之间也有竞争,同学之间更是这样,高节奏的学习和重压之下,贾伟有点儿吃不消,甚至开始抵触。姐姐考入大学走了以后,妈妈从乡下来跟他一起租房同住。可是家里本来就经济困难,靠爸爸一个人在外面打工也不行。于是,贾伟就叫妈妈回去,妈妈也正好找到了一份打工的工作。所以,就把贾伟一个人放到了这里。

作为一个留守少年,贾伟缺少沟通,学习兴趣减弱,开始迷恋网络,喜欢看恐怖电影。老师是一个严格认真敬业的老师,他希望贾伟

能够振作，好好学习。批评教育几次，贾伟内心抵触的情绪更加强烈。在这个学校采访，很多老师说出了这样的话："我们最怕的学生是三类，第一类是留守孩子，没有家长在身边监护，学坏的速度很快；第二类是父母离异，对孩子的影响很大；第三类是迷恋网络不能自拔。"

而贾伟这三条里占了两条，他是叫老师最头疼的那种学生。贾伟的不上进，导致成绩下降。而学校为了激励学生学习，排的座位都是按照学习成绩好坏。贾伟的座位被排在了最后一排。

上课的时候，贾伟总是玩手机。老师发现以后，警告无效，就没收了手机。在这个学校里，学生的手机普及率基本是百分之百。很多不爱学习的学生上课就按手机玩，不但自己不学习，还影响其他学生。老师一次次的警告在贾伟看来，都是针对自己的尊严。他顶嘴，老师就更加严厉地批评。

贾伟的心里非常憋闷，他想努力表达，可是在正义凛然的老师面前，贾伟的一切辩白都是苍白无力的。我们无法揣摩在这短短的一段时间里留守少年贾伟的内心挣扎，是什么念头使这个阳光少年变成杀人的恶魔？是什么动因叫这样一个平时少言寡语的少年向自己的老师举起屠刀？

法医给出的结论是：凶杀不像是新手干的，看起来相当专业。判断情境为：贾伟当时趁老师不备突然拔刀，一只手从后面捂住老师的嘴，用力向后勒老师的脖子，一只手持刀刺入脖子后搅动再抽出，整个过程相当快速，颈动脉破裂，老师当场倒下。救护车赶到的时候，已经回天无力……几天后，逃亡的贾伟在上海自首。一个鲜活的生命就此陨灭,留下一个年轻的妻子和一个年幼的孩子孤独无助,而一个花季少年走上了一条不归路。

血案发生以后,应该引起我们的思考。如果,我们发现这个少年的情绪变化很大时,给予适当的温暖和慰藉,或许血案就不会发生;如果,贾伟的爸爸和妈妈能够陪一陪他,他不是一个留守的孤僻少年,或许血案就不会发生;如果,我们的教育不单纯盲目地追求分数,而注重能力培养和心理健康,或许血案就不会发生。可是,留给我们的只是血淋淋的事实,没有那么多的如果。

据走访得知,留守孩子一般有以下状况:

一部分家长为了自己能够出去打工赚钱,将孩子交给家里的老人,一走了之任其发展。老人基本上没有管理和监护的意识和能力,只管吃饱穿暖,养育孩子属于放纵型。要知道,留守孩子跟正常的孩子是一样的,他们不仅需要温饱,还有很多精神的需求。得不到满足或者残缺,对孩子的发展是不利的。正处于青春期的孩子,像一棵苗壮成长的树苗,身心生长所需的营养很多,不仅需要施肥浇水,还需要及时修整,这样才能保证他们走上一条健康成长的道路。

其实这些留守家长也有苦衷,每天下地干活,累得筋疲力尽,哪有时间来过问孩子快乐与否,来关心孩子的学习情况?都说穷人的孩子早当家。这话看似是肯定孩子坚强成长的精神,但是,我们谁希望自己的孩子早当家呢?童年本该是纯真烂漫的世界,为什么要他们过早地体验生活的艰辛?

爸爸去哪儿？

冬天到了，而对于辽宁省绥中县的 8 岁双胞胎姐妹来说，不是一件美好的事情。天气冷了，她们要跟爷爷和奶奶上山抓紧时间捡柴火。家里取暖买不起煤，只能靠着上山捡柴火。8 岁的姐妹花，要是在别的家庭，她们该是一对被家里人宠着、爱着的小宝贝，享受着无限的快乐。

可是在这样的家庭里，她们要像大人一样劳作。单薄的身体，衣衫褴褛的穿着，拖着比她们身体还要粗大的树枝往家里运。她们被路过的网友拍到并被发布到网上，引起强烈的关注，有些网友叫她们"拾柴妹"。听着这样的网络词语，我怎么也不能高兴起来。柔弱的肩膀还不堪重负，生活却叫她们过早地成熟。

通过采访得知，姐妹花的家庭很是凄惨。爸爸曾在外地打工，后因病去世。妈妈守着她们生活了一段时间,因无法承受压力竟丢下她们走了。姐妹俩只能跟随年迈的爷爷和奶奶生活。爷爷身体不好,有肺病,可是为了家里能有钱花,不得不农闲的时候出去打工烧炭,留下姐妹俩照顾奶奶。捡柴火,做饭,烧水,家务活姐妹俩都能够完成。

别人家的孩子留守还有一个盼望,盼望爸爸妈妈过年回家。而她们呢,团聚是人生的一种奢望。她们的幸福到底在哪里?对于她们,幸福指数或许特别低。而同样生活在这个地球上的我们,所处的境遇又该有多么的不同啊!

最近电视上热播的一档节目叫《爸爸去哪儿》,据说火得不得了,赢得了很高的收视率。我看了一会儿,是一帮明星和孩子在很多地方玩,完成一些简单的任务。有时候镜头很穿帮,比如在野外沙漠的边缘露营,周围其实围了一大群人,都拿着摄像机和相机在拍照。镜头展示给我们的部分,那些所谓的艰苦和真实,故意秀的感觉严重。

我始终不懂编导们制作这档节目的用意,不懂观众喜欢这档节目的原因。可爱的孩子到处都是,只有这些星二代的孩子有这个机会,在电视上展现这份美好,赚足了眼球。孩子简单地去村里拿些蔬菜和水果,周围几十人在护驾。所谓的精彩无非是孩子之间的琐事,正如一位微信好友质疑的那样:"《爸爸去哪儿》是在炫耀星二代的娇贵幸福吗?"而对于6100万留守儿童来说,他们不奢求像星二代一样娇滴滴地问爸爸去哪儿,他们最卑微的愿望就是"爸妈回家吧"!那些廉价笑声的背后,又怎能掩饰得住这么多留守儿童的伤痛与孤独。

我不知道那些留守孩子怎么看待这样的节目,这样的欢声笑语会

在他们幼小的心灵深处造成怎样的伤害。面对着这巨大的生存落差，孩子们会不会问一句：为什么我们会是这样的生活？我们也需要呵护。

这样的感慨过后，我的心情是沉重的。沉浸在采访的过程里面，想起那些渴求的眼睛。我看到了他们内心的无助和无奈。跟一些人说起这件事情，想不到人家说："这就是命，活该他们是留守孩子。"

我的心那一刻都在颤抖，是的，我们无法选择出生，可是有权利诘问我们为什么活该受此煎熬。是什么原因叫我们留守？是谁造成了我们的渴求？难道政府没有责任吗？难道社会没有责任吗？我们生来不该是可怜的孩子。

很多留守孩子的监管人都是爷爷奶奶和姥姥姥爷，隔代教育的弊端有很多。爷爷奶奶有时候心疼孩子，却不懂教育的方法，以为处处依着孩子就是对的，在生活细节各个方面都关照，对孩子的话说一不二。孩子要星星不敢给月亮，宁愿自己吃苦受累，也不想叫孩子受一丝委屈。对于生活细节不批评，不指导。孩子有问题了，不从根本上找原因，而是百般地包庇、保护。这样，孩子就养成了任性、自私的性格，习惯以自我为中心，对人不礼貌，惹是生非。溺爱，是另外一种害子行为。

我们不必详细解读溺爱的故事，每天的新闻资讯给我们提供了太多的反面教材。

还有一类留守孩子，他们被家长寄居在他人家里。这种情况在广大农村比较多，父母把孩子寄居在亲戚家或者朋友家，给一点儿托管费。被寄居的孩子总有一种寄人篱下的感觉。没有在家里的自由随便，变得沉默寡言，有情绪都是自己默默承受着。这些孩子，一旦出去就像脱缰的野马一样，不好控制。当然也有恰恰跟这种情况相反的，孩子不怕亲戚，他们监管不了，使得监管人无可奈何，只能听之任之。

苦涩的果子

天还没有亮，表舅和舅妈就起来了。小花睡眼惺忪中听到了舅妈的抱怨，假装没有睡醒……北方的冬天很冷，外面呼呼的冷风吹着。舅妈一激灵醒过来，喊表舅看钟表。表舅顺手打开了电灯，墙上的挂钟嘀嘀嗒嗒地响着，还好，表舅咳嗽几声，总算没有睡过头。表舅卷颗旱烟，就在被窝里趴着抽完。舅妈已经麻利地穿好棉衣棉裤，去外面抱柴火做饭。

外面下了层清雪，风跟着舅妈的走动钻进了屋。小花下意识地往被窝里蜷缩一下身体。舅妈没有发现小花睡醒，跟表舅说："我就是受累劳作的命，看人家跟大小姐一样，一天啥活不干，我就是养小姐一样伺候也不得好。"表舅慌忙朝舅妈示意小声些。

小花在被窝里委屈地噙着泪水，她又想起了爸爸和妈妈。可是想起爸爸和妈妈的时候，小花竟然想不起来他们长什么模样了。是啊，小花的爸爸和妈妈出门打工三年了，一直没有回来。每年给表舅寄来一些钱，叫表舅和舅妈操心照顾小花。有时候也买衣服邮寄回来，可是很多次小花都穿不了那些衣服。因为妈妈不知道小花长多大了，买来的衣服总是不合适。舅妈也不叫小花说，那些新衣服都拿去给自己的孩子穿了。

有时候妈妈打来电话,小花拿着话筒,听见里面的声音,感觉是那样的陌生。

这样的日子到底什么时候才能结束呢？小花有时候真的很犯愁。表舅家里开了米面粮油小卖部,平时在家里卖一部分,还要到周边的集市上卖一些。因为路途远,需要早起。舅妈一直抱怨小花不帮家里干活,可是小花觉得自己已经干得够多的了。有时候还要在家里做饭,春天播种,夏天锄苗,秋天收获,小花一直都在参加劳动。

生意不好,舅妈要发牢骚,地里活多忙不过来,舅妈也要甩脸子。有时候小花需要零花钱都拿不到。小花知道,爸爸和妈妈是把零花钱存在舅妈那里的。舅妈在电话里总是说笑着,好像对小花有多关心似的。有时候小花接过话筒,舅妈就站在边上听着小花说什么。本来就已经觉得爸爸妈妈陌生的小花,更不知道该怎么说了。

有时候小花感觉很孤单。虽然学校里有小伙伴,可是他们大多都有自己的爸爸妈妈在身边。他们的烦恼可以跟爸爸妈妈说,今年春天的时候,小花发现了自己身体的小秘密。她给妈妈打电话,接电话的偏偏是爸爸。小花不知道怎么启齿,只好支支吾吾地放下了电话。

幸好有同桌的小伙伴小岚,她最近也有了小秘密。这样小花才没有出丑,想想这些小花真的感觉很羞愧。小花很羡慕他们,总有零花钱,总有人陪着。身体出了问题,大人们马上问寒问暖。

后来,小花认识了邻居叔叔。叔叔长得很帅,像电视剧里的男主角。说话好听,见到小花总是一脸微笑,有时候看得小花脸红红的。小花心想,自己的爸爸要是像他一样就好了,可以每天看着自己笑。

有一次小花在集市上看中了一条红色的纱巾，每年的春天，风沙可大了，小花想买一条纱巾围着，可是小花没有钱。那天正好邻居叔叔看到她，就帮小花买了下来。

围上那条红色的纱巾，小花心里暖暖的，以前从未有过的感觉。上课的时候，小花几次走神，眼前总是邻居叔叔的笑脸。

邻居叔叔家里有妻子和孩子，每次看到他带着自己的孩子出门去玩，小花都很羡慕。邻居叔叔好像对小花特别关心，自从买了那条红纱巾以后，邻居叔叔总是送小花各种零食和小礼物。小花心里高兴得不得了，她喜欢邻居叔叔送的礼物。有时候她想，这个世界上只有邻居叔叔对自己好。

舅妈烧开了水，做好了饭。表舅起来，匆忙吃口饭，就开始往车上装一袋袋大米和面粉。一袋大米是100斤，表舅干得很吃力。小花想起来，可是她干不动那样的重活。还有，小花的小秘密这个月没有来，她不知道发生了什么。这几天吃东西也难受，刚吃下去就恶心地吐出来。小花想，等表舅和舅妈出门，就去镇上的医院看看去。

小花一直在心里想，自己的身体是不是跟邻居叔叔有关呢？

不久前，小花在电话里跟妈妈说在舅妈家生活不高兴，要爸爸妈妈接她走。不巧被舅妈听到了，舅妈就当着表舅的面骂小花是白眼狼，吃着穿着住着他们的，还要说他们不好。小花感觉受到了委屈，伤心地出去瞎转。正巧邻居叔叔在外面，他喊小花去家里玩。

邻居叔叔一个人在家，他给小花拿好东西吃。小花吃饱了，想回家。邻居叔叔说就在他这里睡午觉吧，反正在哪儿都是睡觉。小花感

受到从来没有过的感动,她答应了。邻居叔叔还给小花喝了瓶橙汁,喝完以后,小花就感觉头晕晕的。然后她感觉邻居叔叔很温柔地抱着她,帮她脱衣服……醒来以后,小花很害羞。邻居叔叔给他 20 块钱,叫小花以后需要钱就来找他。

后来,小花又找了邻居叔叔两次。每次,他都给小花零花钱。有时候家里有人,他就把小花带到外面去。小花虽然心里害怕,可是她有点儿喜欢这样。邻居叔叔说,好朋友之间都是这样的,这是他们之间的秘密,不能叫别人知道。小花就想,自己终于有了"好朋友",她在这世上不再孤单。

小花这几天总是感觉身体不舒服,约了伙伴去镇上的医院。她要检查一下,是不是肚子里长了瘤子,那可是一件可怕的事情。少女小花坐在医院的诊室里等待着结果。医生出来,问小花多大年龄,小花说 12 岁了。医生很诧异,问,你爸爸妈妈呢?叫他们来吧。小花意识到问题的严重性,以为自己得了不治之症。医生要了小花妈妈的手机号,拨通了电话说:"你女儿怀孕了,已经三个月了。"

小花看着医生在外面打电话,她天真地想:医生给爸爸妈妈打电话是好事,自己得了病他们就不会离开自己了。

看着周围摇头叹息的医生和护士,小花快活地说:"我爸爸妈妈怎么说?我就知道肚子里长了瘤子,我都感觉到瘤子会动了……"

一个涉世未深的少女,她还没有绽放自己的美丽,却意外地收获了一颗苦涩的果子。小花只是太多留守孩子里面的一个。在广大的农村,留守女孩的性安全防范教育极度缺乏。留守女孩的父母对自己的女儿大都缺乏性安全意识方面的教育,认为那是难以启齿的事情,小学阶段的老师也不对学生进行性安全教育。而留守女孩自己因其智力和阅历有限并不知道性的危险性,没有性安全的防范意识,甚至把性侵害认为是游戏,或者根本不知道什么是性侵犯;有些女孩受到侵害者的威胁,不敢跟大人说;有的监护人受封建意识影响,认为这是见不得人的事,发现事实后也多是私了。

像小花这样的案例并不是孤立存在的,下面我们不妨搜索一下,叫我们震惊的是留守女孩被性侵的事件竟然屡见不鲜:

2013年2月19日上午,杭州滨江区妇幼保健院急诊科的医生和护士都被一位特殊的病人吓了一跳:一位身高不到1.5米的小女孩,一脸稚嫩的模样,居然肚大如箩。而且每走一步似乎都很痛苦,捂着自己的骨盆处喊痛,痛得直哭。后来的检查结果更让医护人员震惊不已:这个11岁的小女孩居然已经怀孕8个月了。

"老师摸我一次,给我一块钱,我没要。"11岁的小雪是红庙镇三水涧希望小学六年级学生,她称被班主任徐老师多次抚摸身体敏感部位。小雪的女同学亦称,班上总共有9名女生,其中8名女生被老师摸过。这些孩子大多数是留守孩子。父母外出打工,小雪和爷爷奶奶生活在一起。小雪说,她被徐老师摸过之后,悄悄告诉过奶奶一次,"奶奶说这是丑事,不让对外说"。

陕西略阳县街头巷尾不少人在议论和相互传递着这样一个信息:当地4名村镇干部把1名上初中的女娃强奸了,致女娃大出血送医院

治疗……

　　《拿什么来爱你，我的孩子》一书作者之一孙云晓认为，这些留守女孩遭到侵害的案件频发并非偶然。外出务工的父母不能给孩子有效的、安全的保护，又缺少对留守女孩的性安全教育，而学校的保护措施又不容易覆盖到孩子的家庭生活，这时就会给犯罪分子留下可乘之机，尤其农村未成年留守女孩最容易成为性侵害的对象，而这种性侵害的伤害对孩子心理伤害程度最深，最难以恢复和治疗。

　　窗外，鸟叫得清冽

　　课桌上趴着的高丽杰，睡得正香

　　课上到一半

　　朗诵，思考，讨论

　　声音时大时小，也没有把她

　　叫醒

　　高丽杰，十四岁，把头发染成金黄

　　扎耳眼，戴耳钉，和男同学打群架

　　说脏话脸不红

　　曾经好学生的她，旷课，逃学

　　一个多月，上网聊天，做黑客赚钱

　　"妈妈太辛苦，我靠自己"

　　说这话时，一脸自豪

我问她理想,她说赚钱

看着她的眼睛

那里一半清澈,一半迷茫

我的朋友是一所乡村初中的语文教师,她用自己的笔记录了大量留守孩子的故事。这些留守孩子,最主要不是物质上的匮乏,而是缺少父母的爱,缺少精神的慰藉。因为没有父母的关怀和呵护,他们的世界是残缺的,他们的天空是失衡的。

在沈阳市昌图县宝力镇北洼子村共有 48 个留守儿童,其中绝大多数父母都在外面打工,基本都是由爷爷奶奶来照看孩子。

今年 6 月,村子里腾出了一块地,修建了留守儿童之家。孩子们有了一个自己的活动场所,不用再满山满野去疯跑了。家长们对此很

高兴，也少操了一点儿心。

村子里的张淑范以前做过民办老师，从 2004 年开始，她看到村子里很多留守儿童没有人照管，也没有人教育，她就义务担当起了临时妈妈的任务。休息日和节假日，她都会把孩子们带到自己家开展活动，辅导他们写作业，给他们讲故事，倾听他们的心声。10 年来，她无怨无悔地奉献着。张老师在面对媒体采访时说了这样的话：

"其实这些孩子的家庭经济收入基本都还可以，就是父母不在身边。父母的爱是任何人都替代不了的，跟正常家庭的孩子比，由于隔辈人的娇惯，留守儿童相对组织观念较差，行为比较散漫，孤独感强，有些孩子特别内向，出现问题如不及时疏导很容易走向偏激。"

据统计，辽宁省留守儿童已经达到了 45.75 万人，数量很大，而且绝大多数都在农村。

在留守儿童小白家里，我看到孩子正在院子里帮助奶奶干活。奶奶年龄大了，手脚也不如以前麻利了。小白很懂事，总是能够帮助奶奶分担一些家务。当问起想不想父母的时候，孩子沉默了。看到他的眼神迷离忧伤，我的心情也跟着沉重起来。

第三章　少年当自强

很容易想到花

不是一朵、两朵,而是一树、两树

那惊天的美,一颗世俗的心

怎能靠近

而我说的不是花

是一个孩子从自卑中抬起的头

她的笑像雨后的莲

羞怯中有淡淡的甜

……

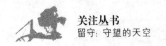
一树花开

辽西丘陵山地错落起伏、沟壑纵横的褶皱里，布满了一条一条的小山沟。这里的老百姓喜欢依沟而居，傍水为邻。村庄的名字也很有特点，习惯加一个"沟"字。比如我的家乡马耳朵沟，我们镇上的牦牛沟、胡宝增沟、石匠沟、缸碗沟，等等。孙家湾镇白大营子村小塔子沟是一条不起眼的山沟沟，这里的人家总共只有六户。

要不是熟悉小塔子沟的人带路，我们是不会找到这里的。

头几天就给教育局的朋友打电话联系采访事宜，当时是 2013 年的暑期，我们的采访有些困难。学校放假了，一部分留守孩子有的到城市爸妈打工的地方做了流动儿童，采访不到。朋友帮助我筛选了一份名单，我再从名单里面找了四个家住得比较集中的孩子。我想看看这些留守孩子的真实生活状况。

我们的采访其实是半公事半私事的性质，朋友身在教育局工作，调研这样的事情就便捷得多了。往下面的学校打电话，校长就以为这是教育局的任务，一口应允一定会积极配合。如果换我自己去采访，就困难多了。

汽车在山路上行驶，我们的心里其实都没底。学校的校长答应我们过去，去学校找两个老师带路，他已经为我们安排好了。盛夏的庄稼一片葱茏，今年的雨水不错，应该是个丰收年，我们的心情随之大好。到了学校，两位老师已经在那里等候。寒暄过后，一起坐车去第一个孩子李悦的家。

孙家湾镇是我的第二故乡，我 23 岁那年来到这个镇做了上门女

58

婿。虽然将近 20 年了,但是这些年一直在外地打拼,当地认识我的人
也不多。但是提起我的名字,他们都会知道这个地方出过一个农民作
家。我们这里的人都好盘问亲戚,没一会儿,我在车上跟两位老师就
拉上了亲戚关系。一个老师是我弟妹的亲表哥,另一个老师是我曾经
一个同事的家族兄弟。这就是热情好客的辽西人,讲究亲情。亲戚都
论上了,采访的事情就好办多了。

公路是乡级的,前年才油漆的路面,比我以前来的时候整洁很多。
我十几年前来过这个地方,白大营子最初的交通比较落后,没有通车,
全是窄窄的土路。我小妹的婆家就在这个地方。集市也不是很繁荣,
不按照阳历的日期,排的是阴历,逢五逢十是半天的大集。我曾经有
一段时间在集市上跟妹夫一起炸油条卖,生意不是很好,勉强度过了
一段艰难的岁月。那时候生活窘迫得没有办法,我在辽河油田兴城疗
养院的餐厅里做炊事员,学会了一些面点手艺。回到老家以后,不知
道该干什么,就去小妹的家里,一边写作一边教妹夫炸油条。几年前,
我还在这里封闭写作,创作了一部电影剧本。

路好走了,车速就快。问还有多远的路,两位老师也有点儿拿
不准。他们打电话给李悦家,叫出来接接我们。十几分钟以后,我
们看到远处路边站着一个人在朝我们摆手,那是李悦的奶奶。我们
把车停下,接李悦奶奶上车,按照李悦奶奶的指引,拐向了路边一条
小道上。

这条小道很窄,路面上也凌乱不堪。没有车辙印,我们怀疑车是
否能够开进去,得到李悦奶奶肯定的答复。七拐八拐又走了五六分

钟,小塔子沟全村就在眼前了。村庄只有六户人家,房子也不是很气派的那种。李悦家是村头第一家。听见车响,李悦迎了出来。这是一个懂事的小姑娘,她首先抬手给我们敬了个队礼。

熟悉的农家院落,勤劳的一家人。李悦还有个弟弟,一个见人就说个不停的小男孩,名叫李东俊。家里来了客人,整个村子都知道了。邻居的大爷也过来坐坐。李悦奶奶是个很健谈的人,说起这两个留守孩子,她的眼泪哗哗地往下掉。李悦奶奶好像积攒了很久的委屈,只等着我们的到来,听她倾诉。这十里八村,虽然没有来过,但是论起来,都是亲戚套着亲戚的。问明白我是哪儿的人以后,才知道李悦的奶奶跟我家族一个婶子是表姐妹的关系,我应该叫她姨的。这样采访就便利多了,我的朋友也为我高兴,想不到我到哪儿都能够拉上亲戚关系。

你看一说都是亲戚,我去你婶子家那时候,你还小呢。也不知道你到我们这儿来了啊,都在外面跑,不认识。以后就好了,知道了家门,过来就到家吃饭。说我们家孩子的情况?唉,都是糟心的事情。

都不爱跟人说,按说我们家是好事,一个丫头,一个小子。日子也挺好,俩孩子都大了,都成家了。先是姑娘离婚了,把孩子给我放家里来。没多久,儿子跟儿媳妇也离婚了,丢下俩孩子,就是李悦和李东俊,你说多累赘。我有时候就跟老头骂,都是啥孩子啊,姑娘姑娘离婚弄景的,小子小子不好好过日子。孩子都那么大了,怎么说离婚就离婚?有啥过不了的?就是不能互相包容。现在的年轻人不知道咋想的,你们离婚走了,孩子咋办?交给我们管,我们哪管得过来?头年,我把丫头骂一顿,叫她把孩子领回去了。我这儿有俩孩子呢,带不过来啊。

我浑身是病,总得吃药顶着。还腰脱,干不了重活。老头只好农闲的时候出去找点儿活干,打工呗。也没有啥手艺,那么大岁数了还出苦力。一天挣130块,活计挺累的。不干咋整?好歹还有地方要老头,这么大岁数了,人家不爱要。

俩孩子该咋是咋,我心里稀罕。就是命苦,摊上我们这没有能耐的爷爷奶奶。原来小子没跟媳妇离婚的时候,孩子也扔给我们管。可是一年还有盼头啊,亲爹亲妈回来,日子不管苦不苦,孩子有盼头,我们当老人的也不跟着揪心。

不知道咋想的,就离婚了,不好好过日子。小子离婚以后,又找了个女的。女的也是离婚的,有个丫头。人家结婚以后,带着那前窝的丫头出去租房过日子了。小子是工程队的木工,这个新娶的媳妇在工

地外面卖小吃，家里啥都不管，孩子也不要，也不往家里捎钱。

去年夏天，小孙子东俊在幼儿园，老师打电话给我，说孩子头疼。你说小小的孩子，头疼啥？我当奶奶的能不着急吗？找车，赶紧往城里的医院送。结果呢，到医院检查也没啥大事。我得给孩子的爸妈打电话啊，小子在工程队干活呢，急赤白脸地来了，东俊他亲妈也去医院了，脸色也不好看。我捞着啥了？为了你们的孩子，我着急上火，到头来劁猪割耳朵，两头受苦遭罪。

东俊这孩子也是，哪是头疼啊？可能有点儿不舒服，心焦想他爸妈了呗。结果大夫没查出来啥，弄得我当奶奶的被一顿埋怨。回来孙女李悦问她弟弟咋回事，他说就是想爸爸妈妈了，故意说难受，这样才能见着爸妈。我心里生气，可是一想孩子这样做，还不是因为不懂事的大人吗？我心里就伤心，业障啊。那天，我抱着俩孩子，呜呜地哭。

孩子都懂事，我们李悦就说，奶奶，奶奶，你别哭，等我长大了，我养活你。

在李悦家门口，贴着一张李悦自己制定的作息时间表，上面清清楚楚地写着一天要做的事情：起床，写作业，帮助奶奶干活，教弟弟写作业，看电视……看她安排得如此有条理，我能够想到什么呢？一个年龄尚小的女孩子，过早地承担起了她不该承担的重担。奶奶和爷爷不在家时，她要照顾弟弟，要做饭做家务，有时候还要上山干活。

　　在她家里的墙上,是密密麻麻的奖状,都是李悦在学校获得的荣誉。在后来走访的三家孩子家里,我们看到了这样的一个现实:越是家境困苦的孩子,墙上的奖状越多。这不是我愿意看到的,可是每扇门里迎出的孩子的确不一样。一直记得我们见到李悦的时候,她是急急地带着弟弟出来迎接,给我们端端正正地敬了个队礼。李悦的生活好像永远处于一种紧张的状态之下,她懂事听话,生活安排得井井有条。这种冷静的外表之下,是一个柔弱女孩的肩膀,一颗敏感细致的心灵。稚气的大眼睛,渴求着一个属于她自己的梦。而实现这一切又是多么的艰难。

　　在李悦家的院子里,我跟这俩孩子有过一段简短的对话。

我：想妈妈吗？

李悦：想。可是我是姐姐不能说。我弟弟一想我妈妈，就去鸡窝看母鸡。

我：为什么？

李悦：妈妈在家的时候，都是她喂鸡，弟弟就记住了。

我：每天感觉累吗？

李悦：不累。爷爷奶奶更累。

我：那你怪你亲爸爸和亲妈妈吗？

李悦：……不怪。

我：在学校里同学们关系好吗？他们会不会因为你是留守孩子笑话你？

李悦：(摇头)不会。我们班里的孩子差不多都是，爸爸妈妈都在外面打工。

我：哦。你的理想是什么？

李悦：赚钱，对我奶奶好，养我奶奶老。

李东俊：我也养活我奶奶。

我：那是长大以后的事情了，现在有什么理想要实现？

李悦：(想了一会儿)妈妈在家的时候，每年暑假都给我买一套试卷，我做完暑假作业就可以做试卷。妈妈走了，没有人给我买了……

我沉默。

一套试卷,不到 20 块钱。这是女孩李悦目前最大的理想。这样的要求一点儿都不过分,这样的幸福指数低得不能再低。回到屋子里以后,我悄悄给了李悦奶奶 100 块钱,嘱咐她给李悦买一套试卷。

说话的时候,村子里的其他人也过来了。一个大爷是李悦家邻居,也姓李。听我们采访留守儿童的事情,他几次忍不住插话,说他家的事情,说村子里的孩子。我能够理解他的心情,老人不是来倾诉什么,讲自己家的事情,毕竟不是什么荣光的事情。他以为我是某个福利部门来慰问的,因为他也需要帮助。

他家的情况也不乐观,他现在跟 12 岁的孙子生活。

儿子和儿媳妇以前在建筑队是钢筋工,每年都外出打工,过年过节回家。孩子 3 岁的时候,建筑队的活不好干,儿媳妇就到城里一户人家做保姆。这保姆的工作清闲,接触的人多了,儿媳妇竟然跟一伙人开始了传销。被洗脑了,保姆的活也辞退了,一门心思干这个。儿子和娘家人出去找了几次,弄不回来。

丢下孩子 3 年没有音信,后来听说在江苏呢。去人,给了那边 3000 块钱才赎了回来。回家以后对孩子没感情,也不过日子,一门心思想着继续传销的事情。操不起这个心了,她娘家妈是明白人,过来说,你们看着办吧,我自己的闺女也管不住了,能过就过,过不了干脆离婚。就这么着,将就一段时间,儿子还是跟儿媳妇离婚了。

要说传销这玩意儿,坑人。儿媳妇不像以前那样有感情,一套一套的理论,说得你无可奈何。孩子也不管了,离婚要孩子,可谁敢给她

带着啊！还不得把孩子卖掉。孩子也不跟他妈妈去，孩子对妈妈也没有感情。我家孩子特别懂事，上学学习好，回家做饭、干活，哪样都能够干。我现在还行，庄稼活能干动。就愁孩子以后，念书咋办？工作咋办？他爸爸去年又结婚了，在城里租房打工呢。不回来，啥事也不管。孩子的钱没有。干钢筋活，老板总是跑，要钱，这几天又要呢，听说要去县政府门口坐着，这哪是正道啊？我就骂他，年年老板不给，你还年年跟他干啊。一说就急眼，我也管不了那样多。有钱也不拿来给我们。反正这两年庄稼还行，苞米收了，卖钱，给孩子攒点儿。要不咋整？你们是记者，得给我们这样的家庭呼吁呼吁。这个村，不是我们两家有这样的孩子，其他人家也有，日子都不好过。

我们的车掉了半天，才算在门口一块窄地上掉转了车头，我看到了几个送行的老人，他们眼睛里的渴望。很遗憾，我不能像民政或者其他部门那样，拿着他们需要的东西和礼物来看望他们。他们最简单的想法就是给些救济与帮助。李东俊是最活跃的孩子，他一直送出很远。他奶奶说，东俊最近没有上幼儿园，接送成问题，幼儿园是民办的，也要一些钱。孩子在家看不到生人，所以见了我们就特别热情。在我们的车子驶离村庄的一刹那，那个叫李悦的女孩子又端端正正地敬了个队礼。

我一直在想，作为大人的我们，作为对农村老弱人员最该付出和尽心的有关部门，我们对得起孩子那个队礼吗？

天还那么黑，星星都困倦地闭上了眼睛

雪还那么深,冷风卷着雪花挤进了屋子

它想看一看那个十四岁的女孩

怎么磨豆子、做豆浆、点豆腐

它想看一看那个十四岁的女孩

冻红的脸蛋,皲裂的手

看一看她的笑容有多么灿烂

小小的肩膀有多么坚强

豆子是那么饱满

一颗就是一朵,一颗就是一朵——

生活的花

在磨难中绽放

……

豆腐女孩

再高的山峰我也要披荆斩棘,攀援而上;再远的路途我也要踏平坎坷,一路向前;再艰难的生活我也要一路高歌,奔向理想。这就是一个历经生活艰辛的女孩心中执着的信念。

清早的第一声鸡鸣,唤醒了沉睡的山村。烟雾中一个瘦弱的身影在穿梭忙碌,奔波于电磨和热气腾腾的一口大锅旁。她就是让我们感动又心疼的女孩——陈阳。陈阳的父亲先天耳聋,后来又摔伤了一条腿,走路一跛一跛的,无法像正常人一样劳动。母亲也身患疾病,全家

没有多少收入。村里其他人家都翻盖了新房子，只有陈阳家的房子还是小土房。

生活朝不保夕，村里有好心人看不过眼，把陈阳的父亲带出去打工，在建筑队里可以打更做饭什么的。这样至少减轻了家里的伙食钱，剩余的还能给家里邮回一点儿。母亲患有风湿性心脏病，干活稍多便喘气不已。可是为了生活，母亲拖着病身子，在家开了个豆腐坊，一年四季，风里雨里，磨豆腐，卖豆腐，以此来贴补家用。

陈阳在 4 岁的时候就开始帮妈妈做一些力所能及的家务。摇摇晃晃中，她端饭碗，拿水壶，跟在妈妈身后，抢着干这个做那个。如今，她已经长成了 14 岁的大孩子。可是 14 年的艰辛，让她刻骨铭心，也让她收获了别人永远无法体验的情感。14 岁，对一个女孩来说，正是穿戴漂亮、吃喝不愁、每天无忧无虑过着幸福生活的时光。可是陈阳每天要 3 点钟准时起床和妈妈一起做豆腐。

漆黑的夜晚，黝黑的土屋，母女俩的身影更显孤单。为了节省衣服，雾气里陈阳永远穿着一件沾满煤灰的大棉袄。很难忘记初次见她的情景，那时，她正蹲在灶前，拿个锤子熟练地砸着煤块。在翻飞的锤子下，大块煤一会儿变成一堆均匀的小块，她又拿起铲子往灶里铲了几铲煤块，然后拎起旁边的水桶，摇晃着倒进锅里……

母亲把豆子磨得差不多了，陈阳开始往锅里倒豆浆。很快，她就满头湿淋淋的，分不清是汗水还是蒸气，小黑脸又变成一道道的小猫脸。做豆腐看着容易，做起来可是一般的成年人都嫌累的活。可陈阳没有一点儿厌倦，紧张的工序忙得她没有片刻停歇。累了直起腰，扭动扭动,继续忙,还不时地喊着:"妈妈你休息一会儿,我来。"

最后一道工序是切豆腐,这道工序她从不让妈妈做,必须亲自来。她说,妈妈有时候切不匀,这样有大有小,顾客会不高兴的,容易挑三拣四。切好豆腐放到三轮车上,她还要帮助妈妈把车推到镇上。然后她再开始吃饭,准备上学。逢到周六周日她就代替妈妈去卖。夏天还好,可是一到冬天,刺骨的寒风一点儿不留情面地吹向她单薄的身体,她的手背和脸蛋都冻得皲裂了,看着真叫人心疼。可是陈阳脸上仍然挂着灿烂的微笑,重复着每天异常繁重的工作。

当问及她对自己的家庭有没有抱怨时,她说:"怎么会抱怨呢?爸爸妈妈已经给了我最宝贵的生命,还给了我健康的身体,这我就满足了。家庭的条件我无法选择,但我相信,困难总会过去,你看我们现在不是比以前好多了吗?将来我要把妈妈的病治好,让他们也过上好日子。"

学校里,她穿得是最不好的,衣服都是好心人送的。她很珍惜这些衣服,总是洗得干干净净,叠好放在家里的箱子里。学习上,她对自己非常严格,遇到难题一定自己努力解决。作业一定要在学校完成,不会拖到家里,因为回家就没有时间写作业了。同学们在学习上遇到困难,她也会主动去帮忙。她的勤奋刻苦,也影响了整个班级,带动了班级浓郁的学习气氛。她性格开朗,还积极参加学校的各项活动。学校一有各种赛事、活动,她总是积极参加。学校的歌咏比赛,她第一个报名参加。她清早一边做着豆腐一边唱歌。妈妈听了,又心疼又高兴,生怕她把嗓子练哑了,可看她的兴奋劲,妈妈又感到高兴。她还打趣地给妈妈说:"我们是最幸福的劳动者,干着活还有歌唱,多美呀。"

每天除了帮助母亲做豆腐，陈阳还包揽了大部分家务。她把母亲要吃的药都按量包好，每次一小包，提醒母亲按时吃。母女干的活虽然很脏很累，但她让母亲出现在别人面前时总是干净整洁。她每晚必做的功课是为母亲洗脚按摩，为此她还专门看了人体穴位图。从脚开始按起，然后向上敲打按摩每一条经络。平时闲下来的时候，她也要敲打母亲的两臂，她说这里是心包经，常敲打对心脏很有好处。还要揉捏母亲的手掌心，说这里是劳宫穴，也是帮助改善心脏功能的。说起经络按摩，她说得头头是道。付出总会有回报，孝心也会感化上帝，在她的悉心照料下，母亲的病情比以前好多了。

善良的陈阳，是力量的化身，是爱的传播者。小小的留守女孩陈阳，后来大家都叫她豆腐女孩。豆腐女孩的事迹感动了很多人，有人问她为什么这样坚强，她只是笑着说："没什么，只是觉得我应该这样，我必须这样。"

她心中有个信念，那就是：虽然我是一个留守孩子，可是通过努力，我一样能够做得很好。

豆腐女孩的事迹被报道以后，引起了社会的广泛关注。很多个人和政府有关部门问寒问暖，上门送东西，看上去非常热闹。可是冷静下来想一下，假如记者发现不了她呢？她是不是还是一个身处困境中的豆腐女孩？

一个好心人给豆腐女孩家送去了一桶葵花籽油，她一直没有舍得打开。当问起为什么的时候，她竟然说："我不知道这么好的葵花籽油该怎么吃。"

听着豆腐女孩的话,我的鼻子一酸。

"城市的灯火,不属于乡下的孩子"

广东省中山市,一所农民工子弟小学的 17 个孩子,他们本身就是留守孩子、流动孩子,他们要登上电视舞台,表演舞蹈《爸爸妈妈我想你》。一身身朴素的打扮,一张张略显羞涩的面孔,17 个孩子走上舞台。这里可是艺术的殿堂,这群孩子到底拿什么作品来赢得评委和观众呢?

列车的鸣响,音乐的节奏,一个稚气的男孩,他在站台上等待着爸爸妈妈回来。别的孩子都看到了自己的爸妈,跑过去,拥抱,穿上爸妈新买的衣裳。小男孩焦急地寻找着,等待着,辨认着,失望,哭泣……无声的舞蹈,有着震撼的力量,小男孩最后喊出:"爸爸妈妈我想你。"全场掌声雷动,评委和观众潸然泪下。

这是真实的声音、真诚的表达,这是任何技术和技巧所不能达到的效果。因为感动,因为触碰了我们柔软的内心。这些留守孩子,他们内心都有一双隐形的翅膀,渴望在浩瀚的天空翱翔!

舞蹈中的这些孩子,在我们的身边,也有无数个。李默就是其中的一个。

李默面对我的问询,还是显得有些腼腆。这个大男孩的嘴唇上面已经有了淡淡的绒毛,说话的声音也有了改变。李默是我的侄子,对于他的成长,我再清楚不过。他 3 岁的时候,我的哥哥和嫂子就丢下他去沈阳打工了。

在打工的工地干活有季节的限制,到了冬天就没活了。有时候开

春的建筑工地也不是很及时就开工。老板欠薪的时候也多，要债成了那几年他们的闹心事。后来他们就在那座城市做小买卖，开始是摆摊卖菜，后来租房卖水果。因为两口子讲诚信，能够吃苦耐劳，所以生意做得很好。越是过年过节，生意越是忙碌，所以一去就好几年不能回家看望老人和孩子。

李默一直跟爷爷奶奶一起生活。这样的日子一直持续到读小学四年级，奶奶因病去世，爷爷年岁也大了，照顾李默更加吃力了。爷爷被接去叔叔家同住，这样叔叔可以照顾他。爸爸妈妈也把李默接到了沈阳。从乡村来到了城市，李默足足自卑自闭了两年。他不跟同学过多来往，不愿意说自己是农村来的。

外面一个大水果摊，里屋是乱七八糟的水果箱子。凌乱的饭桌，简单的被褥，还有临时搭建的小床。这张床就是男孩李默的卧室。他要在这里写作业、睡觉，墙上挂着一台很小的彩色电视机，声音很嘈杂。他偶尔还要跑出去帮助爸妈招待顾客。从留守孩子一下子又变成流动孩子，李默的童年和少年时期过得颠沛流离。

李默现在最怕的就是开家长会，因为爸妈实在是太忙了，如果开会，就急急忙忙从摊位上抽身而去，根本顾不得换件衣服、收拾打扮一下。李默也不愿意让同学和老师知道他家是卖水果的。李默是个很懂事的孩子，他放学就赶紧写作业，然后帮助大人干活。有时候妈妈叫他出去玩，他却很少去溜达。面对着我的询问，他告诉我："城市的灯火，不属于乡下的孩子。"

一个14岁的孩子说出这样的话，我感到了一阵辛酸。孩子，这世界在你眼里显得如此不公平。你早熟的眼神告诉我,初秋的霜冻对于遍地生长的庄稼而言,该有多么的残忍和可怕。

据全国妇联发布的《我国农村留守儿童、城乡流动儿童状况研究报告》的最新数据显示,目前,全国18岁以下的农村留守儿童和城乡流动儿童共有9683万,其中留守儿童为6102万,流动儿童为3581万。相比2005年,留守儿童增加了242万,上升了4%;流动儿童增加了41.37%,增幅为前者10倍。

这些流动孩子往往都像李默一样,是从留守孩子走过来的。他们在都市里面成为一帧特殊的风景。那些小摊上,那些临街的店面门前,我们时常能够看到他们玩耍学习的身影。

我长大了

我在陕西省石泉县采访一个叫汪娅的孩子,这是她的心声。

我叫汪娅,今年11岁,是一名留守学生。11年前我出生在饶峰镇一个偏僻的小山沟里,这儿交通不便,贫穷落后。为了改善家中的经济条件,我的爸爸妈妈在我很小时就离家外出打工了,留下我与年迈的爷爷奶奶相依为命。在我的记忆深处,我几乎没有感受过母爱和父爱,我甚至记不清爸爸妈妈长什么样。

我的一、二年级是在村级小学里度过的,自上三年级起爷爷便不得不把我转到有食宿条件的城关镇中心小学上学。刚来的时候,这里的一切对于我来说都是陌生的。每当下午放学,看到我的同学一个个

被家长接走时,我便不由自主地背起书包跟着走,但走到校门口又不得不无奈地停下来。望着远去的同学的背影,我更加想念我那并不富裕的家,想念我年迈的爷爷奶奶。夜深人静熄灯之后,莫名的孤独和寂寞一阵阵向我袭来,我常常躲在被窝里偷偷流泪。我多么渴望能像其他同学一样,每天放学都有爸爸妈妈接,回到家能吃上妈妈亲手做的饭菜,晚上能依偎在爸爸妈妈的身边看电视聊天……我不知道这样的日子到什么时候才是个尽头。

不久,学校调来了辅导员老师,她们像大姐姐一样,带着我们做各种有趣的游戏,教我们学着整理内务。这样,我们白天玩累了,一到晚上倒床就睡,一觉醒来,就又是第二天了。时间一天天过去,我在不知不觉中习惯了住宿学校的生活。去年,学校给我联系了一位代理爸爸。这个代理爸爸每个周末都来学校看我,除了给我买学习用品外,还给我买换季的衣服。他不但在生活上照顾着我,而且还在学习上关心着我。他常常向班主任老师了解我的学习情况,辅导我做作业。他待我真好,就像是对待自己的亲生女儿一样。

爸爸妈妈,在你们离开的这些日子里,我得到了很多人的帮助和关心,我觉得我很快长大了,别看只有11岁,我却能干许多事了。在学校,我不但学会了叠被子、刷牙、洗碗、洗衣服、整理房间,还在学校举行的"内务整理"比赛中多次获奖呢。为此,我经常受到爷爷奶奶和邻居们的夸奖。爸爸妈妈,你们就放心在外面打工吧,不要为我担心了,你们的女儿已经长大了,懂事了,我能自己照顾自己了!

陕西石泉一个叫刘玉根的老师

孩子的成长,跟教师的关怀是分不开的。在陕西省安康市的石泉县,我们看到他们连续 3 年开展的培养自强留守儿童的征文大赛。在这些文章中,有孩子们真实的心声吐露,也有老师们对孩子的关心和培育,那是园丁对花朵的守望。

胡小明是一个不满 10 周岁的男孩,他爱说好动,一双乌黑透亮的小眼睛,随着灵动的双眉眨巴眨巴的,显得那么聪明活泼。

去年秋季刚刚开学,胡小明的爸爸和他一同来到学校,走进办公室对我说:"刘老师,我和他妈妈都在外面打工,长期不在家,家里全靠他爷爷管护照顾。这孩子有些调皮懒散,加之年幼不懂事,在学校会给你添不少麻烦,希望你能为我的孩子多操点儿心,有不规矩的地方请多多教育他,我对你表示由衷感谢。"我接过话茬,回答道:"放心吧!管护关爱留守儿童是我的神圣责任,我会尽职尽责把孩子照顾好,教育好,让他健康快乐地成长!"家长满意地笑了。临走时,孩子的父亲留下了自己的电话号码。

看着他远去的背影,我的脑海里再次浮现出他那期待的眼神,那饱含深情的话语。此时,我已暗下决心,绝不辜负家长的希望,一定把他们的重托落实在关爱孩子的实际行动上。

趁着双休日,我和留守儿童辅导老师翻山越岭来到孩子的老家,打算和他的爷爷交流交流。老人见了我们说:"其实,这娃聪明着哩,

就是父母不在身边，咱这个当爷爷的也不好管。再说他妈妈对孩子总是娇生惯养，有时甚至为管教孩子的事闹得夫妻不和。唉，真是一言难尽呀！"我们理解老人的苦衷，用充满信心的口吻对他说："你就放心吧，只要我们共同努力，耐心说教，何愁孩子转变不了！"是呀，作为一名留守儿童，难免会有这样或那样的缺点和不足，当爷爷的觉得不好管，我们更应该尽自己的责任管好他。现在他正在改变，已经注意把手脸洗得干干净净，头发也收拾整齐了。我借此机会启发他说："卫生方面已有了改变，这很好。提高学习也是一方面，只要转变了观念，认识了它的重要性，同样能取得进步。孩子啊，大人不在身边，要学会自立自强，在学校里不好好学习，怎么对得起外出打工的父母？"我和数学老师异口同声地说："以后要努力呀！"他仿佛领会到了我们说这些话的分量，同时也感受到了老师对他的启迪和关爱，便红着脸愧疚地低下了头。

第四章　渴望的眼神

可以忽略奔涌的波涛

扼住命运喉咙时的低吟

可以忽略佝偻的背脊

弯向生活苦难时的隐忍

但我无法忽略一个小小眼神里

倔强的光芒在我灵魂里

刺出一滴血珠

圆润,疼痛,火一般烧灼的热

孩子,在你眼里我看不到疲惫

虽然,生活那根沉重的鞭子已经在你身上

抽出重重的脆响

但是，我看见

你的头像一株高高仰起的向日葵

左手倔强地牵着亲情

右手坚毅地挽着未来

一双小脚

多像你生命里一对不屈的齿轮

咔嗒咔嗒地

走在蹉跎的人世间

2013 年 5 月，我深入辽宁省西部山区进行采访，近距离地接近了留守群体，在桃花吐镇详细了解了有关部门对留守儿童所做的工作。

辽宁省朝阳市双塔区桃花吐镇共 12 个行政村、84 个村民小组，是农业大镇。改革开放以来，随着经济的崛起，农村劳动条件的逐步改善，农业机械化程度的显著提高，农村劳力过剩，离乡务工人员越来越多，一部分夫妻双双外出务工。因此，农村出现了一个特殊群体——留守儿童。他们的出现不仅是家庭问题，更是社会问题。

做好留守儿童工作是关心下一代工作中的一部分，切实为孩子的未来着想，把他们当作自己的孩子看待，才能把关爱留守儿童工作做好做细。为此，镇、村两级关工委建立健全了组织机构，制定了学习制度、工作制度和会议制度，完善了档案管理制度，做到了软硬件配套，明确了责任。关心下一代网络密布，无盲区、无死角，为做好留守儿童管理工作奠定了坚实的基础。

眼下,留守儿童的学习、生活、安全已成全社会共同关注的焦点。桃花吐镇更是将这项工作落实到位,责任明确,通过"三位一体"(家庭、学校、社会)教育网络,营造良好的学习、生活、安全环境。传递爱心、送温暖,滋润留守儿童的心田,让外出的父母放心,让留守的老人安心。他们的具体做法是:组建关爱团,成立"代理妈妈"小分队,由镇关工委、共青团、妇联牵头,深入基层,选择有爱心、有耐心的人参与,弥补缺失的母爱;落实帮扶活动,充分发挥"五老"人员和在校教师的作用,采取实名制帮扶和大手牵小手等活动,体现社会关爱;建立留守儿童档案,随时掌握人员变动情况、学习情况、生活情况、心理变化;开展丰富多彩的文化、体育活动,增强留守儿童的集体观念;开展法制、理想等宣讲活动,提高留守儿童对道德观、人生观和价值观的认识。

农村人口多,幅员辽阔,教育设施及师资力量相对落后。农业是国民经济的基础,基础设施相对薄弱,农民距农业现代化有一定差距,文化素质较差,这就是党中央提出加强服务"三农"的依据。在党中央提出全面实现小康的进程中,农民把外出务工当成改变家庭环境、实现致富奔小康的首选,当然这也是他们唯一的选择。因此,农村出现的留守儿童,首要问题是父母关爱缺失。二是外出打工人员大多只重经济效益,忽略家庭教育,把教育子女的责任留给在家的双亲老人。三是监护缺失,使留守儿童自制能力下降。四是因病等原因致贫的家庭缺乏对留守儿童教育投入的经济支撑。针对这些存在的现象,必须采取有效措施,逐步加以解决,同时要动员社会力量参与其中。多年

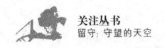
来，他们做了一些努力，让留守儿童得到了一定的关爱，同时也让贫困家庭得到了资助。

通过采访得知，上桃村张彤合老人70多岁了，一家五口人。儿媳因家庭经济困难离异，危房无钱翻修，孙女上学无钱供，老伴儿瘫痪在床无钱买药吃，儿子外出打工家里无人干活。镇关工委了解情况后，倡议募捐。通过好心人的捐助，给他家以经济援助，解决了眼下的实际困难。

中学退休教师庄玉亭，他有句名言："献了青春献白发，为了江山为子孙。"他是李家窝铺关工委的主任，多年来，一直坚持为留守儿童补习功课。片山屯关爱团团长许作天说："只要身体可以，就在所不辞。"多年来，他义务接送留守儿童上下学，确保安全准时，风雨不误。留守老人王才的儿子儿媳在上海打工多年，老两口为照顾好孙子，省吃俭用，供孙子读书，还买了台三轮车接送孩子上下学。在老两口的精心教育呵护下，孩子学习成绩名列前茅。林四家村80多岁的赵善仁老人，一家三代三口人，儿子长年在外，老人精心呵护孙子，做饭洗衣服全承担，让孙子吃好学好，现在孙子已经上初中。

桃花吐镇多数留守儿童在上小学，共有小学在校生800多人，学校既是传授知识的阵地，也是儿童成长的乐园。老师是园丁，关心下一代的成长，有信心、有热心、有爱心，辛勤地浇灌着每一朵花蕾。学校对留守儿童和教师实行实名制结对帮扶。如中心小学的教师褚智慧帮扶王新雨同学，通过管教带，使一名普通的学生成为一名班干部和少先队干部，学习成绩也名列前三名。南台小学教师武学兵帮扶胡阳同学。胡阳的父母外出打工,胡阳由年迈的爷爷奶奶照管,家境一般。武老师在学习上严格要求,在生活上给予慈母般的爱,给他送衣物,有时还给他带中午饭。同时,学校还为33名家庭暂时困难的同学减免了书本费。学校校领导和教师们多年来抱定一个信念,让每个孩子健康成长,共同进步,力争不因父母不在身边而有所缺失。

离开镇政府,我们走进桃花吐镇中心学校,了解学校在留守儿童这方面的做法和经验。

桃花吐镇中心学校现有留守儿童33人,现就读于五所小学和一个下伸点学校。这些孩子由于缺乏父母的有效监督,在很大程度上给学校的教育和管理带来不小的难度,给社会带来不良影响,更给家庭带来了潜在的巨大隐患。学校一直以来拿出专项资金奖励表现突出的留守学生和在管理留守学生工作方面表现出色的教师,而对那些因工作不力而使学生出现问题造成不良影响的教师,情节轻微的当年不评优不评先,影响较大的三年内不评优不评先,影响恶劣的上报上级主管部门。对师生反映出来的留守学生问题,随时反映随时解决。特别是对有困难的留守学生,学校予以照顾,开学初为33名家庭贫困的学生减免了课本费,免去了外出务工家长的后顾之忧。为确保无一位留守学生因工作疏漏而缺失关爱,开学初,学校深入调查,对所有学生进行家访,一一摸底登记,搞清父母务工去向、联系方式、收入情况,随时了解掌握留守学生心理、情绪等变化情况,做好记录,建立完善留守学生专项档案。为确保留守学生工作落到实处,学校要求全体教职工对留守学生问题做到"三知、三多、三沟通"。"三知"指要知道留守学

生的基本情况、监护人情况、父母外出务工去向及联系电话等方面的情况；"三多"指多与留守学生谈心交心，多开展充满人文关怀的集体活动，多进行家访；"三沟通"指定期与留守学生的父母、监护人、所在学校和校外教导员、代管人进行沟通。

学校将任课教师分配到班，师生结对，确保学生健康、稳定成长。留守学生较常见的问题是自我约束能力较差，学习上不能严格要求自己，生活上不会照顾自己，思想上更是放松对自己的要求。此时的老师要让他们感到信任、亲切，又具有约束力。对此，将这些学生分配到老师，结成帮扶对子，让老师既关心他们的生活、学习，更关注他们的成长、成才、成人。学校将每个留守学生的所有情况，包括他们的父母联系方式等交给结对老师，要求老师定期向学校汇报学生近期表现，不定期与学生家长取得联系，反馈学生在校表现，达到时时互动、事事互通。同时把学校行政领导分配到每一个年级，负责联系几个班留守学生工作的落实、督促、检查。

为了对留守学生的假期活动有更深入的了解、帮助，学校安排一些有责任心的离留守学生近的同学帮助他们，让他们与这些学生一起学习、娱乐，以消除他们回家后的孤独感，也是为了隔开他们与周围不良行为的接触。返校后，结对学生及时地将留守学生的假期表现反馈到老师那儿，以便学校及时把握学生情况。

为了使更多的老师关注留守学生并建立起科学系统的教育管理方法，学校申报了《农村留守学生的教育和管理》为辽宁省科研课题进行研究，并于 2012 年成功结题，获得优秀奖。学校还争取社会力量加大对留守学生的帮扶力度,并争取到双塔区慈善协会、共青团朝阳市委、双塔区委的直接帮扶以及社会爱心人士的无私捐助,极大地解决了留守学生生活、学习上的困难。大连荣顺教育基金会每年提供6000元救助20名留守学生。各级领导和社会爱心人士的真情奉献极大地改善了这些学生的生活和学习状况,同时也激励了孩子们热爱生活、享受快乐的积极心理。

他们在实际工作中,发现当前留守儿童工作存在几方面的问题,值得关注。

家庭是孩子出生后的第一所学校,父母是孩子的第一位老师,他们以其启蒙性、长期性、个体性、唯一性、感染性和权威性等特点弥补着学校教育的不足。家庭教育通常是以父母的言传身教给孩子施加影响,对孩子性格的形成、品格的培养以及理想抱负的树立都有着极其重要的影响。失去家庭教育的孩子就像一匹没有缰绳的野马,无拘无束,我行我素;就像没有河床的河水,四处流淌,偏离方向。一个学生犯了错误或者成绩倒退,在学校有老师管教,可是回到家便没人管了。可见,没有父母的教育而单靠学校的努力是远远不够的。

同样,一个没有父母在身边的孩子等于失去安全感,心里有苦无法诉说。家庭教育的相对缺失会造成孩子长期的感情饥渴、心理扭曲,容易产生怨恨父母,甚至报复社会的不良心态。而这个问题家长们一直不够重视或者认识不足。有些家长无奈地说:"没办法呀,家里只有一亩多的田地,租田地种又赚不了几个钱,不出去打工连生活保障都没有,只能把孩子放在家里给老人管教了。"甚至有的家长错误地

认为教育孩子是学校和老师的职责，只知道每月寄生活费回来，对于孩子在学校的学习成绩、日常行为一无所知，使犯常规小错的孩子日积月累，最终变成了屡教不改的问题学生。

有些因机遇挣了钱，或者认为自己下苦力挣的钱比文化较高的人挣钱还多的打工父母，在他们心目中滋长着新的"读书无用论"思想，于是对子女没有明确的要求，顺其自然，从而"能读书就读，读不好去打工也能赚钱"的观念在农村儿童思想中普遍存在。而一些没有挣到什么钱的打工父母，认为是命运不好，整天怨天尤人，对家庭和婚姻不负责任，对子女的一切不闻不问，甚至不支付子女的生活费。这使留守儿童有被遗弃感，幼小的心灵背上了父母沉重的情绪包袱，承担着很大的精神压力，严重影响他们的正常学习和健康成长，使心理和人格逐渐扭曲。

一些打工父母的不良"职业"对自己孩子发展的负面影响更大。务工者心里非常清楚这种职业违法，但他们不但没有对孩子作任何矫饰，反而认为这是一条生财的捷径。更有甚者，寒暑假期间，有些父母把孩子接到城市去，利用孩子还未成年法律不便追究这一特点，要孩子散发做假证传单，教孩子逃避检查和被抓后的方法和技巧，孩子直接成为生意的帮手，做着触犯法律的事情。对于这种害人害己的违法活动，一些父母却是积重难返，执迷不悟。可悲的是，耳濡目染，更加上亲身经历，对于还不谙世事的孩子来说，这将严重影响其今后的人生道路。

以上采访到的问题，其实在全国具有一定的普遍性，各地遇到的

问题大同小异。针对以上存在的问题,笔者提出以下工作建议:

政府部门要做好关爱留守儿童工作,不断加大农村小学基础建设投资的力度,建立寄宿制学校,吸收留守儿童住校。乡镇政府要发挥爱心超市作用,把留守儿童列入帮扶对象,切实解决他们生活上的问题,排解心理上的困惑,尽量弥补情感上的缺失,鼓励他们自立自强、战胜困难、努力学习,让孩子们感受到社会大家庭的温暖。

解决留守儿童教育问题,首先是变留守儿童为随行儿童。这要求完善和健全社会保障机制,即随着条件的改善,在经济发达、农民工集中的地区,实行农民工"市民待遇",让夫妻双方均有相对稳定工作的农民工,享有子女就地入学接受义务教育的权利。同时,要加快专门学校的建设。在农民工集中地区,鼓励、扶持专门对农民工子女进行义务教育的社会办学,适当降低办学条件的"门槛",并切切实实给予必要的政策、资金倾斜及扶持手段。

但从当前来看,解决留守儿童教育问题的基本策略主要应从源头上抓起,即从农民工输出地农村入手。

女人是一座山

冯丽丽,女,汉族,1981 年 10 月 16 日出生于辽宁省北票市南八家子乡,中专文化。让人无法相信,这位没有令人羡慕的职业,没有骄人学历的普通农家弱女子,竟然成为一名活跃在 4 个乡镇、10 多个村,为 100 多名农村留守儿童带来无限关爱的志愿者。她的满腔热情,她的一颗爱心,她的无私奉献精神,把那些父母关爱缺失的留守孩子的生活变得丰富,变得多彩。她的事迹不仅感动了三燕大地,而且也引起

国内外多家媒体的关注。她被评为"感动朝阳十大人物"；2008 年 3
月，被北票市妇女联合会授予"三八红旗手"；被中共北票市委、北票
市政府授予"平安建设先进个人"；荣获中共北票市委、北票市人民政
府"关心下一代突出贡献奖"。

冯丽丽居住的城市离我家一个小时的车程。我们能够相识是因
为文学和写作的缘故。我是辽宁省文学院首届新锐作家班的学员，结
业以后自由撰稿，成为省作协文学院签约作家。冯丽丽后来成了我的
学妹，她先后两次去文学院进修学习。

她的事迹我也多次听到，比如获得我们那座城市很多荣誉，比如
她是留守儿童的志愿者，比如她不幸的婚姻经历。这些，只限于听说
而已，我没有跟她正面交流过，也不便于跟她谈起最不愿涉及的隐私。

要不是接受这部书稿的写作，我也不会打扰冯丽丽的。留守儿童
的问题是全社会的问题，地方政府重视的程度不同，工作开展的深度
也就有了差异。全国有很多这样的留守志愿者，他们不计个人得失，
用铁肩担起了道义。有时候，正是因为他们的推波助澜，才使地方政
府不得不重视起来。因为他们有了影响，做出了成绩，媒体一报道，一
些政府官员自然就坐不住了，总要表现出一股子支持的热情来。

打电话给冯丽丽，说明了我的意图。冯丽丽在电话那头爽快地答
应了，她欢迎我去北票做客。那时候，她还在一家铁矿厂工作，留守儿
童活动中心就在这家铁矿厂的办公楼里。见到冯丽丽的那天，是她新
换发型的第一天，整个人显得很精神。她在那家铁矿厂办公室工作，
很多杂事都要管。

我们老家那座城市里的人都特别热情爽快，老家流传着一段顺口溜："城市小，风沙大。朝阳人，没啥话，就听小酒唰唰下。"这里的人好客，好喝酒。女生也不例外。冯丽丽就是这样的人。我在北票采访的那几天，冯丽丽跑前跑后受了很多累。回来后，我在整理关于留守儿童的资料时，发现了一个留守孩子写给冯丽丽的一封书信。展读以后，感动不已。

阿姨：

非常感谢这段时间来你对我的照顾，一个月的时间虽长但也很短暂，一个月来的打扰我非常抱歉，但是我没有和你相处够。这段时间我非常享受，有了家的感觉，小小地实现了我的愿望，也让我感到了温暖。总体来说谢谢你，我知道我可能见外了，恐怕你看见一定很不高兴吧！但是这是我的心里话，这段时间我也给你带来许多麻烦，我永远也忘不了这段时间，我也不会说，总之我就是想谢谢你。我过几天就要走了，我不知给你什么，我想了很久，阿姨，你说我长大了就可以不管我了，其实我宁愿我没有长大。我还是很喜欢什么问题都请教你，都问问你该怎么做，我做什么事还是没有主意，我以后还做你的孩子好不好？阿姨，你放心，我一定会好好学习，好好工作，将来当一名好老师，我以后也不会忘了你的。你不仅给了我很多温暖和爱，也给了我很多鼓励和帮助，也是我的知己哦！我很少和大人们说我自己的事情，也很少说我的苦衷和难处，所以他们才会不理解我的。我从来不愿意和别人说，除了你之外，而且以后我还会有很多事情需要你的

意见哦！阿姨，其实我对你就好像什么都不愿意隐瞒似的，什么都愿意说，我想也许这就是缘分吧！幸亏让我遇到你，我非常喜欢你哦！我也会永远记着你的！

……自从妈妈走后，我突然感觉没有家了，我渐渐地失去了生活的乐趣。每天放学回到家，我无依无靠，心头一片空白。奶奶问我怎么了，我不想也不敢告诉她我想妈妈。我什么都不想说，我不爱出去和伙伴们玩，总是感觉他们的目光和以前不同了。尤其是当他们说"我爸爸给我买了玩具，妈妈今天给我做了我最爱吃的饭"时，他们那种幸福的表情我看了以后心里面就会失衡，总想破坏点儿他们什么。当我发现自己有这些情绪以后，就把自己关在屋里，我从此很孤独……

这封长信写得很有文采。一个女孩子肯把自己的真心话说给冯丽丽，完全是一种信任。这种信任，叫人倍感亲切温馨。有时候我想，冯丽丽之所以能够成为上百个孩子心里的"阿姨"，这本身有冯丽丽的人格魅力，同时也说明，我们的留守孩子太需要一个像妈妈一样的人来慰藉他们干涸的心灵世界了。只要肯于接近他们，只要肯于走近他们，他们是可以给你信任和真诚的。

冯丽丽现在一个人生活，离婚以后孩子归了前夫。在采访她的时候，丽丽说了以下几件事情，留给我的印象很深。

关于走出那段婚姻，丽丽轻轻叹息一声。不是后悔，也不是庆幸。就像丽丽说的那样，人是会反思的动物。很多事情做的时候，可能意识不到，但随着时间的流逝，总会要回想一下的。那场婚姻的失败，造成了她人生无法抹去的阴影。不过,今天的丽丽,不像以往面对采访时候那样愤慨了。

"那场婚姻其实我也有责任。自己的性格比较强势,因为年轻,不懂得迁就男人。事事都要求完美,有点儿叫人接受不了。在工作上可以,在感情上过于追求完美就吃亏了"。

关于对留守孩子的采访,丽丽有一点儿担忧。她给我讲述了这样一件事情:

"其实,我现在挺怕来采访和慰问留守孩子的,随着事情被媒体报道,被更多的人知道以后,我们这里来的人也越来越多。大家都关注留守儿童这是好事,可是有时候好事却变成负面的东西。比如一些人来看望留守儿童,往往都是带着书包,带着文具、衣服什么的。前不久,我发现一些孩子心里开始越来越依赖这些东西了。假如哪个人来了没有带礼物,或者说带的又是书包和文具之类的,有些孩子就产生了厌倦心理。嘴上甚至说,又是这些东西,人家谁谁还给我带电子玩具呢。这样的话和心理变化我看在眼里,急在内心。

"我感觉这样的关怀和慰问方法是不当的,不要以为关心留守孩子就要给他们物质上的资助。这样不但不能鼓励他们自强自立,还会产生某些不良的心理。有些孩子觉得你们给我东西是应该的,慢慢就不懂了感恩。有的孩子对这些礼物也见怪不怪了,反正就是收了礼物,配合你们搞点儿活动而已。

"我始终觉得,关心留守儿童,不仅仅是物质上的行动,更主要的是走进他们的内心,跟他们交朋友,看他们真正的需求,可能是精神上

的交流，思想上的碰撞。别以为小孩子就没有思想，现在的孩子可不得了，他们懂得的不比我们大人少。

"我希望留守儿童展现给大家的不是凄惨的一面，其实阳光向上的例子也有很多。我担忧总说留守儿童如何如何艰难，孩子的内心世界无形中会有一种自己就认为自己是弱势群体的感觉。这些倾向都是不利于孩子健康成长的。"

关于现在留守儿童的管理工作，冯丽丽也有自己的想法。

"我们这个公司的老板挺支持我的工作，留守儿童之家现在在公司的楼里。说实话，现在的留守儿童工作做得不如以前。以前虽然日子苦些，活动的地方也没有现在好，但是那是真正在老百姓家里，离孩子们近。现在活动空间有了，孩子们能够来的却不多了。乡下的孩子来城里的留守儿童中心搞活动，这本身就是不现实的，是配合活动的活动。这些不是我的初衷。还有，我每周都要工作，有时候礼拜六和礼拜天也不休息，给留守孩子的空间和时间都有限。这也不是我要的生活，心里有时候着急。

"公司现在效益不好，老板工作的担子也很重。人家是私人企业，已经为留守儿童工作付出了很多，也不能总是跟人家张嘴提要求，没有办法，我只能先这样干着。你问我的理想状态，我心里早都想了，我想有自己的产业。走一步看一步，实在不行，我想自己做点儿买卖，然后赚钱，拿这些钱投入到留守儿童的事情上来。现在开展活动，自己有想法都不能实现。现在很多村子，我一个月只能下去一次，孩子们都很想我，问我，姨你什么时候还来啊？我就无言以对了。现在外面传得名声很大,可是以我目前的状态来说,工作开展得不能叫我自己满意。

"是真的不满意。我知道我还能够做得更好。"

冯丽丽说这番话的时候,我一直静静地听着。我感觉比起几年前,她现在要成熟很多了。这才是充满魅力的冯丽丽,她懂得了包容,懂得了隐忍,懂得了关怀精神的重要。

我总是不愿意问及冯丽丽那段不堪回首的婚姻,在生命的历程里,那是一块不愿意揭开的伤疤。想不到冯丽丽淡淡一笑,还是跟我说起了往事。因为想知道她为什么做留守儿童的志愿者,就绕不开她的婚姻。

年轻的时候我们不懂爱情,这话其实很有深意。以前冯丽丽家里开有诊所,公公把一天的患者名单安排好,然后她和前夫开着摩托车去各村出诊给患者打点滴。冬天的时候屋子里特别冷,他们回来以后,脸盆里的水都冻成了冰坨坨。日子清苦的时候,夫妻的感情还不错,可是后来情况发生了变化。孩子出生以后,前夫开始经常酗酒,回来以后就耍酒疯,进而家暴。

冯丽丽回忆说,那时候自己年龄小,不是很懂事。前夫有错在先,自己不懂得容忍,也不讲策略,总是以牙还牙,互不相让,使矛盾升级。要是换一种方式,多一些理解,或许情况就没有后来那么糟糕。

人生很奇妙,有时候走着走着,一个拐弯,就会拐到我们连做梦都不会梦到的地方,也许正是这样的拐弯,让我们走上了完全不同的另一条路。2010 年的深秋,天气比往年冷得多,凉风一阵阵袭来,让沉浸

在温暖中还没醒过来的人们瑟缩着，不肯出门。又是周末了，冯丽丽望了望窗外，天很阴，灰蒙蒙的。希望丈夫今天能正常回来，千万不要再喝酒了，想起丈夫醉酒后的虐待，她不寒而栗。可是想到儿子，他小小年纪，正是心理脆弱的时候，不能让他有任何动荡，不能给他任何压力，还要把这个家安稳下来。

真是害怕什么来什么，丈夫果然没回来。忐忑中，她安顿好儿子，让他早早睡了。深夜11点了，还是没有人影。经验告诉她，他回家越晚越折磨人。果不其然，满嘴酒气的丈夫刚坐上床，便将她预备的洗脚水踢翻。这次打她的理由很简单：没有到村口接他，天黑路滑以致摔了个跟头。"小点儿声，别把孩子和老人吵醒。"挨了几巴掌的冯丽丽还在哀求。一顿皮带的抽打后，丈夫咆哮着走向厨房。

"还不快跑，这浑小子找刀呢！"不知何时，婆婆闻声赶来。冯丽丽听着儿子撕心裂肺的哭声，望着丈夫挥舞的菜刀，一步一回头地逃离了家门。她不敢让他找到自己，否则会伤害到娘家人。她给自己设计了一系列的"流亡"路线：先到姐姐家躲两天，然后到姑姑家住几天……

十几天的东躲西藏让冯丽丽身心疲惫，每到一处，胆战心惊之余，更让她揪心的是，在每一个村子都会看到几个无人看管的孩子，像一匹匹野马在马路边、在空场上、在田地里，甚至在深水井边，肆无忌惮地玩闹着。

一天，在姑姑家吃过晚饭，冯丽丽来到村头溜达。正巧几个孩子在河边玩耍。玩着玩着，不知道因为什么，几个孩子打了起来。一个叫虎子的孩子，突然脚下一滑，顺着河岸溜进了河里。"救命啊！救命啊……"虎子在水里挣扎着、扑腾着。岸上的两个孩子也傻眼了。冯丽丽目睹了一切,意识到事情的严重性,赶紧呼喊着叫人来。大家七手八脚地把虎子捞了上来,有惊无险,总算捡回来一条命。

事后,冯丽丽了解到,那几个孩子的父母都在外地打工,他们留在家里和爷爷奶奶或者姥姥姥爷同住。老人们只能负责让孩子吃饱穿暖,至于对孩子各方面的教育,他们没有方法也没有精力去管,一切由着孩子自己的性子。自此,冯丽丽陷入了沉思,她开始留心遇到的每一个留守儿童。在这段流浪的时间里,她结识了无数个留守儿童。他们的童年都是不完整的,他们的天空都是残缺的。母性的力量使她决定,她要用柔弱的双肩承担起孩子们的希望。谁说女人是水做的,在天地之间,在困难面前,女人也可以是一座山!

两个月后,重回家门的冯丽丽在丈夫心平气和时,多少透露出对留守孩子的怜悯。相安无事之余,她还会撇下诊所去探望附近村子的留守儿童。

一两次之后,前夫的耐性终于在酒醉后决堤。"居然去照顾别人家的孩子,你知道别人怎么说你不?不安分守己地过日子,你到底想干啥?"这次丈夫手中的刀将她的胳膊划出血槽。血的代价最终换得一个女人的觉醒:离婚。

2006 年 7 月,她被迫外出打工,无奈地将自己的儿子变成了留守儿童。在北票县城打工一段时间后,思子之情转化成挨村挨户地寻找留守儿童。

打工的日子艰难,记得在幼儿园工作的时候,她用每月 350 元工

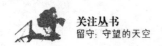

资艰难地撑起了一个梦。幼儿园里有几个留守儿童,他们和爷爷奶奶在家,父母都在省城做小生意,一年之中只有春节才回家看看,平时就是打打电话,简单询问一下。这几个孩子格外调皮,不服管,上课溜号,爱动手动脚,甚至和老师顶嘴。其他老师都拿他们没办法,对他们也失去了信心,只要犯了错误,就狠狠地批评他们。可是小孩子也是一头小毛驴,得顺着毛捋,越训斥,他们越是频繁犯错。冯丽丽对其他老师说:"这几个孩子交给我吧,看看能不能有什么办法改变他们。"冯丽丽清楚,要想教育好小孩子,就得知道他们缺少什么,需要什么,而这几个孩子,需要的就是爱。这爱,是每一个孩子都不可缺少的,可他们偏偏无缘享受,正是这种缺失,让他们的叛逆期过早来临。冯丽丽和他们一起游戏,一起吃饭,一起玩耍聊天,对他们的每一个进步,都给予热情的鼓励。冯丽丽用自己的母爱让这几个冷却的小火炉重新燃烧起来,一个月的时间,他们已经变成了班里的乖乖孩。在他们身上,冯丽丽感受到了教育孩子的成就感,也让她看到了留守儿童的可塑性。社会上还有那么多的留守儿童,他们或许也正被人们忽略着、遗忘着。一个更大的计划也随之在她的脑海里形成了:帮助更多的留守儿童,让他们享受他们本该享受的爱,让他们接受他们应该接受的教育,让他们和别的孩子一样过快乐的生活。

　　沿着上次的"流亡"足迹,她又去寻访一个个留守儿童,他们的名字逐渐在她的脑海里形成记忆。周边 100 多个留守儿童被她记录在案,两本厚厚的《农村留守儿童档案》翔实地记载着每个孩子的情况。"档案"分五大块,除了联系方式、住址或学校外,每个孩子的体貌特征都有单独描述,比如:"张亮亮,活泼爱动,机灵乖巧,但有时钻空子,做点小小的恶作剧","王小朵,胆小,不爱说话,大眼睛忽闪忽闪"。此外,家庭概况以及变化情况也是记述最细致的地方,还有孩子父母的打工去向、性格特点、优点特长等,从这些细节的描述可以看出冯丽丽的确费尽了心思。

这是份令观者沉重不已的社会记录。

100多名留守孩子最小的只有两周岁,最大的17岁;最远外出打工的父母在深圳,建筑工人占八成以上,其他主要集中在省内的发达城市。更令人心忧的是,约三成留守儿童属单亲家庭,有的孩子自小便随祖辈生活,对父母之爱相当生疏,对完整的家庭没有概念。这样的孩子心理特点多为:内向,沉默寡言,不善与人交流。

冯丽丽以亲属或朋友家为据点，10个村子就是10个"留守儿童之家"，每月至少去一次。她的角色更近于心理辅导老师，随着辅导次数的增多，孩子们对她的信任也与日俱增。"每个孩子都很不幸，都在经历着不完整的童年"。在冯丽丽眼里，100多个留守儿童，就是100多个催人泪下的心灵史。

13岁的苗苗父母均在鞍山打工，作为姐姐，她担当起家庭重担，带着8岁的妹妹生活。每天给妹妹做饭、洗衣服，照顾她上学、写作业，晚上还要一边搂着妹妹，一边抱着防贼木棒入睡。一次，妹妹高烧不退，苗苗顾不上深夜漆黑，背着妹妹走了5里地赶往乡医院，到了医院才发现磕破的左膝盖已经被血迹和裤子粘在一起。

最不幸的孩子是婉婉。她5岁时，母亲遇车祸去世，同年，父亲精神崩溃离家出走，至今未归。婉婉成长在姥姥家，异常懂事。今年春，14岁的婉婉哭了一夜后，选择辍学，因为贫困的姥姥无力供养她继续读书。得知消息后冯丽丽匆忙请假，去长保村看望孩子。在村口大棚基地施工现场，她看见婉婉正一锹一锹地挖着土，而她身后是3米长、1.5米深的地沟。大半天的劳作，婉婉赚了70元钱，却因过度劳累，鼻血止不住地流了6次。"谁让你来这儿干活了？你想这样干一辈子吗？"这是冯丽丽唯一一次对孩子发火。

婉婉的问题很快被冯丽丽反映到县"关心下一代工作委员会"。几经周折后，由省妇联牵头资助婉婉全部学费，直至大学毕业。

年龄稍大的赵圆圆，15岁，上初一。父母都在外打工，就他一个人在家，用他自己的话说，天老大，地老二，我老三，谁都管不着我。他每天背着书包早早上学,很晚回家。在学校游荡一天,没学会一个汉字,不会算一道数学题。冯丽丽找到他,询问他的生活。圆圆虽然和冯丽丽接触较少,但对她早有耳闻,看到她感到分外亲近。那样一个顽固的孩子在她面前打开了话匣子。"老师,我爸爸和妈妈带着我弟弟在石家庄打工,把我自己扔在家里,他们总给我打电话,但我只能听到他们的声音,见不到他们的面。我很想他们,但我也很恨他们。"

"爸爸妈妈还不是为了你吗?为了给你赚钱,他们在外边吃苦受累也不容易呀,你要理解他们。"

"不,我宁可不要钱,我要他们和我一起在家,再说,他们怎么带着弟弟,不带着我呢?他们也是有偏心。"

"弟弟不是小嘛,你已经大了,会照顾自己了。你看,你穿的衣服多好呀,还都是名牌呢,还说爸爸妈妈不喜欢你?你应该好好学习,自立自强,不要让他们担心。"

"哼,他们也觉得亏欠我,所以总给我买好衣服穿,我说什么他们都依着我,那我也不听他们的,他们越让我好好的,我越给他们惹事。"

强烈的叛逆心在圆圆小小的心灵扎了小根。要想动摇这个小根,需要和风细雨去润化。冯丽丽知道,圆圆每天的早饭都是方便面,用大家的话说,本来就苗条的身材被彻底吃成了活生生的方便面。冯丽丽隔三岔五去给他包饺子、蒸包子,别人给她做好的一大碗红烧肉她端给圆圆吃。她说,孩子正是长身体的时候,怎么能缺营养呢?每次去圆圆那里她都开导他,要理解父母的苦心,鼓励他好好学习,还带给他很多书,让他安下心来看看。两个月后,再看到圆圆,他简直判若两

人，做什么事都能静下心来，能主动给父母打电话，态度也温柔起来，学习成绩直线上升。看到圆圆的变化，所有的老师都说这完全归功于冯丽丽。

以下是《华商晨报》记者记录的冯丽丽下乡的情景：

9月14日的朝阳市北票县一改往日的酷热干燥，阴云从四面八方拢过来。冯丽丽所在的"七色阳光"幼儿园靠近城边，位于棚户区改造工程的"银河"社区内。从社区至欢欢所在的宋杖子村有两条路径：走大道，打机动三轮车，车费3元，20分钟到；走小路，步行田间垄头，45分钟到。站在公路边，冯丽丽内心进行着两种选择的思想斗争，在3元钱与25分钟之间，她左右徘徊。当一辆三轮车远远驶来时，她本能地招一招手。"宋杖子村，麻烦您开快点儿。"

7岁的欢欢唯一可以接受的"谈判对象"就是眼前的冯老师。"我想妈妈了，不想上学，想看妈妈！"孩子脏兮兮的小脸哭成一道一道，冯丽丽眼睛湿润，一把揽过孩子。随着一句句温馨的话语，欢欢仿佛重回妈妈的怀抱。

当双双、壮壮等孩子赶到冯丽丽身边时，欢欢乖顺地坐在炕沿上，听着哥哥姐姐们描述上学的诸多乐趣。这似乎是个惯例，只要孩子们放学，冯丽丽所到之处，自然会将该村的留守儿童组织起来。孩子们总是有太多的小"汇报"，冯丽丽也总是有更多的故事讲给他们听。

当日17时许，一场久违两个月之久的大雨酣畅地下了起来。欢快的孩子们没有觉察到冯老师的眉心正凝结着愁绪，如何跋涉泥泞的返程？冯丽丽心中怅然。

雨虽已停歇，但积水将往日的羊肠小道泡成了糨糊状。她每月的工资只有350元。而这350元的花销是这样构成的：生活费90元、电话费70元、交通费60元、留守儿童纸笔费20元、房租费80元，剩余30元的预算是一个母亲留给4岁儿子的。为了节省打车的3元钱，冯丽丽双手拎着鞋足足走了两个小时。

田野里讲故事的妈妈

这次去北票采访冯丽丽，我带了自己的两本书。听说冯丽丽也出版过书，临走的时候，她送给了我两本。冯丽丽的书的主要内容是写给留守孩子的。

北票市南部山区是生我养我的地方。这里虽然土地贫瘠，十年九旱，但我却深深地爱着这块典型的贫困之壤，爱着这里的一草一木，因为我是吃着这里的小米长大的。大凌河畔人杰地灵，起伏的丘陵、纵横的沟壑充满了神奇。这里曾是世界上第一只鸟飞起的地方，第一朵花绽放的地方。家乡的厚重文化使我感到骄傲和自豪。

我虽然出身农家，但却与书有缘，读书是我多年的习惯。这也许是我的一个爱好，但从未想到过写书，甚至连做梦都没想到过，一个地地道道的农民哪敢有这种奢望？

一件足以撞击我心灵的事情让我不知不觉地走上了儿童文学的创作之路。近年来，我不时发现一些父母常在外打工的孩子很孤独，时常发呆打蔫，缺少灵性和感恩情怀，又像脱缰的野马打打闹闹，甚至

做一些危险的事情……也许是因为一个母亲的敏感，这些让我看在眼里急在心上，可我一个弱女子，除了为此忧虑还能为他们做些什么呢？这些孩子的影子在我的脑海里挥之不去，甚至在不停地撞击着我的心灵。不因善小而不为，一个母亲的良知，一种神圣的责任感促使我一点点地走近了他们。我有意识地接触他们，给他们讲故事，教他们唱歌、跳舞，和他们猜脑筋急转弯……一下把曾冷落的庭院、树下、溪旁变成了乐园。开始是讲书里的故事，后来我就按照启智、明理、育德的思路编写故事讲给他们听。为写好这些故事，我跑出七八十里到城里办书证，在家里安卫星天线看少儿电视节目，吸取营养，武装头脑，开阔眼界，拓展自己的想象力，不顾家人的反对经常写到深夜。我简直成了故事迷，不论干活还是洗衣、做饭都在构思故事，就连做梦都是编故事，为了这些我乐此不疲。这些留守的孩子们在一次次与我的接触中或许得到一些心灵的安慰，或许得到一些课外知识的补充和启迪，同时也使我在关爱留守儿童的实践中实现了从最初的哄孩子到育孩子，从生活关照到理性关爱的飞跃。我还从他们身上得到了创作的灵感和动力。

仿佛不幸总是与我相遇。我在两次家庭暴力中被赶出家门，今年的"五一"长假我是在市里的家暴救助中心度过的。在外打工度日的我，每天都要承受着母子别离的煎熬。风雨飘摇的婚姻和思念孩子的折磨都没有使我放弃对留守孩子的那份情结，我走到哪儿，就把这件事做到哪儿。是这些富有想象力的孩子们让我将这些故事印成书的小小建议，给了我想结集出版的勇气。于是我又花了一些时间将这些编写的故事和每篇故事的创作背景加以整理，并按照学龄儿童读物的定位进行筛选和初步编辑。书稿打印成册后，我就像4年前有了自己的儿子一样兴奋，这是我和那些留守孩子们接触、交流、互动的成果。于是我给这本书稿起了一个土得掉渣的名字，很直接的名字，就叫《讲给留守孩子们的故事》吧。

《讲给留守孩子们的故事》共收录故事54篇。这54篇故事都不是空穴来风，而是我对这些留守孩子的54次发现，54次怦然心动，54次情感释放和对54次灵感火花的捕捉，形成了这54篇故事，并较为得心应手地通过这54篇故事的寓意潜移默化地解决了孩子们在留守这种特殊背景下的心理、情感、行为、学习、生活等方面存在的问题。创作背景纪实的附录，并不仅仅为了区别一般少儿读物形成拙作的一个特点，更是这些故事的真实来源，是故事背后的故事，除用了化名之外，背景纪实、故事情节一切都是真实的。

心系留守孩子，是我无怨无悔的选择。尽管我的力量是有限的，尽管我所做的一切或许不被所有人理解，甚至被误解，但困难和挑战都不会让我改变初衷。我要倾尽我的全部所有，自费穿行在更多的留守孩子中间，把接触留守孩子的规模从现在的几个乡镇扩大到更多的乡镇，把联络留守孩子的数量从现在的100多名逐渐扩大到200名、300名……与他们的亲人一起营造留守孩子的快乐家园，托起留守的希望，我也在留守孩子们的成长中体会快乐和价值……

因为条件有限，冯丽丽那时候只能隔一段时间到一个村子的留守

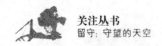
儿童活动室看望一次孩子们。其实，在我们乡间，需要更多的冯丽丽，因为孩子们确实需要交流，渴望沟通。冯丽丽走村串户，足迹遍布了北票市城乡，她像着魔一样去做着这件被很多人不能理解的事情。在工作中，她也遭遇白眼和敌视。比如去一个村子，大家看到陌生人，都有本能的抵触情绪和多多少少的疑问。听说免费给孩子辅导、上课、开展活动，很多人不相信。在我结束采访返回沈阳的时候，我提出要看看那些孩子写给冯丽丽的书信。孩子们在现实生活和书信里，都不把冯丽丽叫老师，而是喊她姨。他们大概觉得，喊姨的时候特别亲，就像真的亲戚一样。冯丽丽给她哥哥打电话，叫他去她租住的房子里把那些书信都拿给我。厚厚的一大包，冯丽丽对我说："哥，你都拿去吧。"我说："谢谢你这么信任我，我看完以后会保存好，然后寄还给你的。"我知道我不能马虎，不能遗失任何一封书信，因为信封里面装着的都是沉甸甸的情感与信任。

　　记得姨第一次来我家，她和我聊了很长时间。她既像一个朋友，又像一位慈爱的妈妈。她跟我谈学习的情况，给我洗衣服的时候还让我说学校和家里发生的事情。她说，她永远做我的啦啦队，让我学习加油，快乐起来。我病了，她去给我买药；每次来我们村，她都给我买一些爱吃的东西。

　　我一直都很内向，不爱和伙伴们在一起。姨怕我孤独，她就嘱咐我们组的其他孩子，主动来家里找我去跟他们共同感受大自然的美好。自从有了姨的帮助，我懂得了：我学习是有责任的。她说，你学习并不是为了你自己。如果哪一天你厌倦学习了，就证明你不再尊敬爷爷，你应该对他老人家拖着蹒跚的腿给你做的早饭说对不起，也向在建筑工地上睡水泥地的爸爸说，你也要去他那儿打工，喝菜汤。姨说的这些，不但让我有了好好学习的动力，还让我知道感恩我的爸爸妈妈了。姨就像一盏灯，给我的生活带来了光明，也照亮了我的童年。

从5岁那年起，苦就与我结缘了。我从此再没有感受过父爱和母爱，体弱多病的姥姥姥爷把我辛苦地养大。渐渐长大的我不再快乐。孤单、自卑、倔强成为我的性格，我几次想离家出走，又多次有轻生的念头，我是大家都嘲笑的丑小鸭。就在我迷茫、困惑的时候，遇到了她，我的姨。是她给了我自信，让我知道这个世界还有很多阳光我没有分享。我上学了，我过年有新衣服了……这一切就像童话一样，我由一只丑小鸭变成了一只有梦想、准备飞翔的小天鹅。

以前的我总是因为家庭贫困而抬不起头来。姨告诉我说，贫穷并不可怕，可怕的是你的精神穷了、知识穷了。她还说，要想让别人瞧得起你，并不是你吃得好、穿得美大家就高看你一眼，关键是你这个人生活在这个社会上的价值。你在做什么？你又为别人做了什么？她的一言一行深深地影响着我，她就像我的妈妈一样用温暖和疼爱伴随我成长。

从2006年开始到现在，冯丽丽一直默默地做着留守儿童的工作。在我动笔写这部书稿的时候，得知冯丽丽离开了那家铁矿厂。她的梦

还在继续着,就像她说的那样,她要自强不息,有自己的产业,然后用产业来关爱留守儿童。本来我是想一直跟冯丽丽聊这些年的经历和工作的,可是看她每天忙碌的身影,心里还是不忍。

好在冯丽丽是个有心人,她这么多年以来,一直坚持着记日记,关于她和留守孩子的故事,在她的日记里面都有记载。文字并不华丽,真情却是满怀。字里行间,洋溢着浓浓的爱意。这些日记,无数次地打动我。我在想,我该怎么面对这些采访得来的日记呢? 用我文学虚构的笔去还原那一份真实? 我能够承载得起那份真挚吗? 在冯丽丽面前,再好的赞美之词,其实都显得乏力。还不如在征得她同意的情况下,把她的日记真实地呈现在这里。

我们可以跟随着她的文字,回到逝去的岁月深处,寻觅那一行行充满艰辛和汗水的脚步,寻觅那一份份久违的感动。

冯丽丽日记节选

2009 年 6 月 7 日

今天去了大三家乡,公共汽车换了时间,足足等了有一个小时。刚到大三家乡的境内,小组长就打来电话,声音很是低沉地问:"姨,您还来吗?"我说:"马上就到了。"我听见电话那头孩子们的欢呼声。到了才知道,孩子们等我要比我等车的时间长多了。望着那一张张兴奋的小脸,我心里感觉很抱歉。由于又增加了几个地方的留守儿童,所以跟 10 个村的孩子们见面的机会就更少了。算起来,把去外地做报告的时间等都加上,足有一个月的时间才见到他们。从孩子们见到我后的拥抱和泪水,我了解他们对我的想念和我对他们的牵挂是一样的。

106

　　小组长廖显慧没有太大的变化,下学期她和张静就升初中了。刘顺成长高了许多,指甲自己会剪了,小手比以前干净多了。只是借去的书弄得脏了,还有些破了。他已能把那些童话故事都背着讲给大家了,他能够这样,肯定不是只看了一遍。顺成的奶奶一直以为留守儿童图书室的书也像以前一样,都是我买给他们个人的,所以把书都写上了孩子的名字。以前,我是给孩子们买了很多书,但是为了提高孩子们读书的积极性和增加更多的课外知识,我就为他们建了一个具有近700本图书的流动图书室,免费给孩子们借阅。规章制度里有一条是:如图书有损坏和遗失,由冯丽丽来负责。这样,孩子们几乎都很爱护图书。

　　张伟好像比以前开朗多了,怯懦的性格也有所改变。听说我给他说的那个秘密他用上了。从我们接下来的活动——折纸、折相思叶和小花篮,看得出他重拾了他的灵性,小花篮和相思叶折得都很漂亮。我们打算把大家折的这些都作为工作站的展品,张伟说:“姨,我可以把我折的带回家让我爷爷奶奶看看吗?”我当场答应并给予鼓励。我能明白孩子的心意,他想给一直都训斥他笨的奶奶看看,借此改变奶奶的想法,找回一点儿他的自信和希望,这不也正是我们举办活动的意义之一吗?

　　最后一趟公共汽车来了,孩子们依依不舍地把我送上车。我怕他们问我:“姨,下周还来我们这里吗?”但孩子们还是一双双亮晶晶的眼睛望着我,抿着小嘴迟疑一下后张口问了。

2009 年 6 月 14 日

我大包小包地拎着很多新书包和书，踏上了朝北线的列车。今天我是去南八家子乡大营子村，这个村的留守孩子是受教育最落后的，这个村的交通也是极其不方便的。每次去这个村，我都需骑半个多小时的摩托车才能到，而且路也是崎岖不平。碰上连雨天，根本就无法骑车。这个村的留守孩子学龄前的较多。我打电话和他们约定是下午 4 点，等我到的时候，家长和很多孩子早已在树荫下等待。爷爷奶奶们说："你来得还真准时，还有 5 分钟就 4 点了。"我有些惭愧，马上又把心思转移到了那一张张熟悉的小脸上，我心中有太多的怜爱之情，仿佛他们都是我亲生的孩子。

孩子们每人挑选了一个新书包，书包里并没有书和本，可孩子们也一个个背了起来。他们背着那红色的、蓝色的书包在花丛中飘来飘去，个个高兴得像一只只刚刚学会飞翔的小鸟。有时孩子们会围着我坐成一圈，亲切地拽拽我的衣服，唱一首过去教他们的歌，有时也会好奇地嗅着我的头发，还直说有香味呢。面容如土地颜色的爷爷奶奶乐得合不拢嘴。望着乡间这道老少和谐的风景，我觉得自己不论付出多少也是值得的。

我和老人们谈了很多孩子们的近况。听他们说，我成为孩子们每天都提到的人，孩子们总是重复着一句话："我们的姨怎么还不来呀？"接下来我分别抱了每个孩子，我发现孩子们的身体比以前壮实多了，看来上次的方法起了作用，我又多了几分关爱孩子们的信心。

顺便提几件有趣的事情。我是快吃午饭的时候给家长们打的电话,告诉他们我去看孩子们。家长们说:"你打完电话我们都不敢马上告诉他们,要是说了,他们不吃饭不睡午觉,就会吵着要去等你。"我能体会到孩子们的心情,大营子村是个贫困村,我每次去都给他们多多少少带点儿礼物:50元的亲情卡、书包、文具盒、图书、本子等。最重要的是这些孩子缺乏更多的鼓励和夸奖,大多内向自卑。我每次都把他们的优点特长说出来,比如东月浑身长满了艺术细胞,孙兵比以前更懂礼貌了,小朵朵爱干净讲卫生了,等等,展示给他的同伴们和家长,这样孩子们就多了几分自我优越感和自信心。另外,各种各样的课外读物也增加了孩子们对知识的渴望。在他们挑选书包的时候,情况也是很有意思的。六七岁的男孩女孩,男孩都喜欢蓝色的,女孩则都拿粉红和深红色的。教育不只在课堂上、学校里,在生活中也无处不在。我微笑地对男孩们说:"蓝色像大海和天空的色彩,我们的小男子汉们都选了蓝色的书包,我想将来他们都是心胸宽阔、爱护女孩、有责任心的男子汉,我们为此鼓掌吧。"大家哗哗地鼓起掌来。几个小男孩又自豪又有些不好意思。性格开朗一些的王颖问道:"那我们女孩呢?"我抚摸着她的小脑袋说:"你们看见那些红色的花了吗?"他们异口同声:"看见了。""我们小女孩选择红色的书包,就像那些花一样,将来一定都温柔热情且又散发着芬芳。"女孩们的小脸也都红扑扑,眼里闪着幸福的光芒。

2009 年 6 月 15 日

昨天是康有的生日。虽然他已不是留守儿童了,我还是发了短信

祝福他。他很吃惊，没想到我还记得他的生日。最后我发短信告诉他："开车时一定要注意安全，姨永远祝福你！"

康有是个表面坚强内心脆弱的孩子，他现在已是成年人了。我认识他的时候，他没有上学，不是因为他家里困难，而是他自己厌学。我经过很长时间与他聊天，谈理想和未来，他最终心动了。就在他即将重新再进入校园的时候，他的妈妈打工回来了，硬说孩子不是那块学习的料，说孩子再在家里养一段身板，就让他去学开勾车（就是那种抓钩机）。我没有说服他的妈妈，孩子还是去学勾车了。上次中央电视台来的时候，问他最大的愿望是什么，他说，希望那些上学的孩子别像我一样放弃学业。现在去他们的村子，只要他在家里，每次也会参加。聊天中他告诉我："姨，现在我只有多赚些钱，捐给那些上不起学的孩子点儿，才能淡化我的很多遗憾。"我理解他的想法，我拍着他的肩膀说："孩子，别气馁！是金子到哪儿都会发光的，只要你不放弃梦想！"

2009 年 6 月 17 日

子琦和在外地打工请假回来的妈妈去外边散步，他们来到了那棵大柳树下，子琦最喜欢这棵大柳树了。这棵树长得虽是畸形，但可以爬上去看得很远。而且这棵树有个很大的洞，他生气的时候就躲在这个洞里想妈妈，故意让姥姥姥爷找不到他。子琦和妈妈坐在树下软软的沙地上，母子俩快乐地用沙子玩起了"吃年糕"的游戏，即在堆得高高的沙堆上放上一块石头当作"年糕"，两个人不停地用手扒着沙堆，谁先把"年糕"弄倒了，谁就输了。子琦突然眨着小眼睛抬头问："妈妈，你还出去打工吗?"妈妈微笑着说:"出去啊,妈妈赚钱给你买好多玩具和你爱吃的东西。"子琦噘着小嘴说:"妈妈,我什么都不爱吃,也什么都不想玩,我只要妈妈在家里。"妈妈哄他说:"子琦,要不再给你找个后妈陪你吧?"5岁的子琦还不知道继母的概念,高兴得又蹦又跳,还真以为他会有两个妈妈了:一个打工的妈妈,一个每天都给他讲故事的妈妈。子琦的姥姥每当说到这个事情的时候,都用衣袖抹眼睛。记得我第一次见到子琦,他孤僻得像头小倔驴,无论我用什么方法,鼓励、激将法等,他都不肯和大家一起活动,只是远远地躲在树后偷着看我们。

2009年6月20日

雅新、晓宣姐妹俩刚刚进入梦乡,我望着两个孩子的小脸不由得心酸起来。这两个孩子实在是太可怜了,她们已长久没有得到家的温暖和家人的呵护,她们的心灵极度脆弱和孤独。如果再得不到关爱,两个孩子将走向崩溃的边缘。姐姐雅新曾想服药自杀,妹妹晓宣对妈妈的爱已经模糊,甚至于恐惧和担忧自己哪一天没有人要了。姐妹俩坐车早早地来到了工作站,即使是路途很远,她们还是每到周六都想来这个"大家庭"。晚上,本应是坐车回家的,可是两个孩子都不想走,最终还是住了下来,我很理解孩子们的心情,下午带着她们去了运动场,顺便买了菜。

今天来工作站活动的还有留守儿童佳琪、金宝、志文、景宇、建宇、景双等人。为了能让孩子们有家的感觉和培养他们的家庭责任感,我

发挥个人所长布置了一下这个大家庭。读书、猜脑筋急转弯、大家围在一起在地球仪上查找地名……成为我们今天活动的主要内容。互动中金宝的笑话、景宇的魔术，更是让大家既快乐又新奇。

对于家庭困难的留守孩子，送给他们每人一个崭新的文具盒。这儿真成了孩子们共同的家，从今天有关部门拿走三个桌椅时孩子们的表情和状态，就能看出他们对这个家的感情，他们好像很难过。我安慰他们说："没关系的，咱们不是还有很多桌椅吗？再说过几天姨会想办法的。"雅新和几个孩子还一个劲地问我："姨，如果有一天这个地方被收回了，我们去哪儿？"对于这个问题，其实我也是很迷茫的，不过我不能让孩子们因这个家的存在而建立起来的自信消失。我说："不会的，你们放心吧！"

这些可爱的孩子们，内心深处都有不同的疼痛痕迹，如果没有爱心、耐心、细心，很难走进他们的内心世界。当你触摸到他们的心灵，就能知道一个个惊心动魄的、催人泪下的真实故事，而这些也正影响着他们的生活和学习。

2009 年 6 月 29 日

他，是个 13 岁的留守孩子，和著名作家高玉宝只一字之差，他比其他孩子多一种天生的才华和气质。第一次在课堂上与他见面，我就很喜爱这个孩子。当我问到谁是农村长大的孩子的时候，只有他非常坦诚，很自豪地举起了手。其实，后来得知听课的大多数孩子都是农村流动到城里上学的孩子，这也是很多留守孩子的通病。他们首先自己欺骗自己,自己瞧不起自己,或是因为某种原因故意想掩藏些什么。是的,他们有的曾受过城市孩子的歧视。

　　每次活动,他爱给大家讲笑话。上个星期六,他的表情和往常不太一样,一问才知道他骑自行车时摔倒了,险些被一辆轿车撞死。他第一句就说:"姨,你差一点儿就永远见不到我了。"我看了他身上大大小小的伤口,又是心疼,又是害怕,多么好的一个孩子,如果真出了什么事情,他外出打工的爸爸妈妈,在他身边看守的爷爷奶奶岂不伤心痛苦一生?我告诉他以后就不要再骑自行车了,因为他家离学校很近的,根本就不用骑车。

　　他又是一个只报喜不报忧的孩子,他给自己起了一个网名叫作"满身伤痕"。我跟他接触只是很短的时间,还没有了解到他的全部成长经历,不过,根据我以往跟孩子们沟通的经验,我感知他的内心一定受到过莫大的伤害,我会慢慢走进他的内心世界的。

　　今天中午,他突然给我发来短信说:"姨,你在哪儿?"我不知道这是他家里的手机号,还以为是另一个留守女孩呢,于是马上拨通了这个电话,结果他挂断了。当时我很忙,没有立刻回信。晚上我回信的时候才知道是他,他又问:"姨,你还好吗?"我说:"原来是我们的才子啊!你是个优秀且幽默的孩子,你还好吗?"他发来信说:"我老好了。"我回信:"你幸福快乐,姨很高兴,如果你有不开心的事情,我愿与你一起分担。"他没有回信,我能理解他,他还没有达到和我那120多个孩子那样与我交心的程度,他还没有向我敞开心扉,我觉得那样的时刻很快就会到来的,也许就在下个礼拜。

2009 年 7 月 5 日

今天去了台吉镇宋杖子村。去时阴天，返回时下着毛毛细雨，好久没有淋过雨了，比起看见那些因干旱而发蔫的还处在成长期的玉米秧，我宁愿自己淋一场痛痛快快的大雨。尤其是那些过早冒出的穗，让我有一种莫名的惆怅。

上午，去给一个留守男孩买了一件上衣，这是我早已答应他的。他上次期中考试的时候，我说："孩子，如果你这次考得好，姨奖励你一件新衣服。"在孩子面前，绝不可以说空话，假若你是他一直很尊敬的人，那他很可能会不知不觉地模仿你，将来成为一个不讲诚信的人，所以对孩子许的每一个愿，最好个个都实现。这个孩子的身世很可怜，他的爸爸在他刚刚懂事的时候，就因做生意失败喝农药自杀了，随后妈妈被迫改嫁，他一直跟爷爷奶奶生活。爷爷去年得了胃癌，做手术时花去了家里仅有的积蓄，他的妈妈也从没来家里看过他，没有打过一次电话。

他因精神紧张和自卑，一遇到陌生人就说话结巴。他今年 15 岁，上初中二年级，听他奶奶说，在小学的时候他经常挨欺负。每当他受委屈的时候，奶奶说得最多的一句话是："别人打你一下，你别还手，他再打你一下，你就后退一步，他下次就不会再打你了。"我一直在想，到底这样教育孩子是不是正确呢？

这个村的一个留守女孩，凭我个人的力量已不能改变她现在不正常的生活，比如半夜三更才回家，比如三天两头打群架……今夜，我因她而失眠了。想起我让她重返校园的情景，想起她几次有轻生的念头,我用爱把她保护起来的日日夜夜,我真是心痛极了。她的童年是苦涩的,难道即将是成年人的她,真的就这样生活下去吗?

2009 年 7 月 16 日

昨夜睡得晚,早上起得晚了些,工作站门口有两个孩子已等了一个小时,我很抱歉。让两个孩子进来后,她们又借了好多书。我急急忙忙地吃了口饭,接到留守孩子婉婉的电话,约好和她一起去北票市第一幼儿园。我昨天就和王园长说好了,她答应让孩子今天去实习。

婉婉的奶奶家是大三家乡的,这样一来孩子实习吃住都成问题。她请求我给她再找一个晚上打工的地方,比如烧烤店之类的。她说,只要打工的地方能管她吃住就行,白天她不耽误去幼儿园实习。婉婉的父母离异了,妈妈在阜新生活,日子过得本来就很拮据,又生了一个男孩,所以基本上没有管过婉婉;她的爸爸有肾病,打工供她上学。婉婉还有半年就幼师专业毕业了,孩子这次放假回来人整个瘦了一圈。问了几次才知道,她大多时候为了省钱吃得八分饱。这不由得使我想起自己在卫校上学时的情景:为了省钱,竟然把一个馒头分了五次吃,最终在坐车回家时饿得晕倒在客运站里,幸亏被同伴及时救了过来。

婉婉虽不是我的女儿,可我怎么能眼看着孩子吃苦受难不管呢?记得去年,再有三天就过年了,她来我这里,我不经意地问:“买新衣服了吧?”她抿嘴低头对我说:“我不买新衣服了,等过了年上学还要花很多钱呢。”我已经给几个没父母的孩子们买了新衣服。准备用 100 元钱给自己也买件衣服换换新,这是我第一次过年没换新。我把 100 元

钱塞给了婉婉。孩子们穿上新衣服了，我这个年才能过得舒心。

我想了一夜，最后决定自己再吃些苦，让孩子专心实习，这一个月吃住在我这里。

2009 年 7 月 19 日

乘车去了桃花吐镇上桃村，这个村的孩子们每次活动气氛是最热烈的，这次也不例外。我们还是在那棵有着百年历史的大槐树下，我站着，孩子们有的坐着，有的蹲着。这次给他们拿来了很多课外书，孩子们陆续还了上次借的书，看着还回来的书我很欣慰，因为大多数还和新的一样，丝毫没有损坏。每个孩子又再一次挑选了自己喜爱看的书。在图书室开放借阅以来，我发现了一个有意思的现象，不论是中学的还是学前的、小学的，童话是他们最喜欢的课外读物。

这个村的孩子们和其他村比起来是比较富裕的。为了鼓励孩子们，我首先发了一个奖品，给大家都公认的品学兼优的孩子。接下来活动的内容是互动式的故事会，大家分别谈了自己的梦想。长大后想当老师的占大多数，有几个孩子在谈到自己的梦想时非常有趣。8 岁的玉阳说，他长大了要当校长，其理由是能管着很凶的老师。13 岁的杨爽梦想当一个能开着飞机人工降雨的人，那样农民的庄稼就不会干旱了。她的梦想不觉使大家感动，就连围观的大人们也都眼睛湿润了。是啊，我走在乡间小路上的时候，看到那些还未出穗的玉米叶子干枯了也很心痛，玉米算是所有庄稼里最耐旱的了，它们那弱不禁风的样子，让人几乎预料到了今年农民的收成。有几个孩子的妈妈本打算今年不出去了,可看到这样的庄稼,又离开孩子出去打工了。

2009 年 7 月 22 日 星期三

昨天给婉婉做了她最爱吃的"柿子炒鸡蛋",她吃得很香。"说实话,我是个做菜的好手呢,做鱼也是我最拿手的,你爱吃什么鱼啊?"我兴高采烈地问她。"我什么鱼都爱吃,阿姨,其实你不用给我做饭的。"她说。孩子正是长身体的时候,说什么也要让她吃得好一些,这话我在心里早就对自己说过无数次。

今天去超市买东西,看见那些喜羊羊的棉花糖太可爱了,我知道婉婉最喜爱这个动画形象,于是花三元钱给她买了一个。晚上回来时我送给她,她高兴极了,可是她没有吃,说是要留着做纪念,听着让人心里酸酸的。中午我没有回去吃饭,今天幼儿园不管午饭,她买了两个玉米回来吃的。等到我晚上到家的时候,看见电脑旁有个纸条,上面写着:"姨,我中午回来买了玉米,我吃了一个,给你留了一个,我怕它凉了放在被子里了,你趁热吃吧。"我看后心里很感动。

婉婉跟幼儿园的老师提起我,她们说我很伟大,其实不然。我只是在送出真情的同时也感受着真情,甚至是我收获得更多,因为那是孩子们最纯真的情。

2009 年 10 月 11 日 星期日

去一个村看孩子们,给他们带了很多课外书,这个村子交通还是比较方便的。孩子们都在路边等我,看到将要下车的我,都快乐地叫

喊着。等坐车回去时，那个售票员直接问我："这么远还来补课，一个月你收他们多少钱啊？"我很惊诧："我不是老师，也不是来补课的。"他轻蔑地朝我笑了一下："哼，现在的老师啊……"我哑然，没有生气也没有反驳他，他说的也有我无奈和心痛的地方。

孩子们每人都借去了很多课外书，我们先是像久别的老朋友那样聊天，孩子们还好，没有让我担心的大问题。几个孩子刚认识他们的时候还在小学，如今已是中学生了。我们玩了游戏，即使和孩子们在一起的时间有限，我也想给他们孤独的童年多带来一些欢乐。游戏是《快乐大本营》里的，比人的灵敏程度，既娱乐又长智慧，我这个笨家伙，竟被挨罚了两次。不管怎么样，孩子们开心就好。又和几个孩子的家长聊了很多孩子们的近期情况，村子里老人们忧患的表情让人感伤，眼看今年收成的庄稼少得可怜，家里都要指望在外打工的人了。

2009 年 10 月 21 日　星期三

课后辅导班开班第二十七天。遇到一个很难解决的事，一个留守女孩、一个留守男孩和一个辅导班的女孩等同学们都回家后，他们留下来说有一个重要事情要跟我说，我问："什么事啊？还神神秘秘的。"男孩想了很长时间，像是在做着什么心理准备，终于说："姨，我早恋了，我喜欢上了一个女孩，我们在一起都好几年了。"女孩也说了同样的话，她以前在外出打工的父母那儿上学，前年才转回北票，说是喜欢上了外地上学时的一个同班的男孩。我问他们："喜欢是什么？"刚刚十三四岁的他们说得让人出乎意料，说什么喜欢就是爱，喜欢就是可以为对方做任何事情,等等。

男孩先是说了他的早恋经过,情节曲折出人意料,若不是看见他稚气的小脸,我还真以为他说的这种复杂的情感故事是来自于两个成人。他现在上小学六年级,学习还不是很累,可因这种所谓的爱受着困扰,情绪起伏不定,好激动,为这个女孩常常打架,还跟踪所有对那个女孩有好感的男孩……学业不但荒废了,两个孩子要是还经常在一起,恐怕会有更可怕的事情发生。

相对于男孩的早恋经过,这个女孩还是比较让人放心的,因为她跟喜欢的那个男孩只是在周日的时候在网上聊天。孩子们说完他们的早恋故事,长长地舒了一口气说:"跟您说了后,感觉心里轻松多了。"唉,他们倒是轻松了,可苦了我了,该怎么办呢? 他们的家长都知道了情况,经常讽刺挖苦他们。两个孩子说他们对家长太失望了,家长的做法太让他们伤心了。

2009 年 11 月 1 日　星期日

去一个村看望孩子们,是步行去的,这个村离市里比较近,从最近的小路到那里来回要一个小时。那些绿色的树叶,可能还没有准备好就迎来了一场雪,看到落了满地绿色的叶子,想起小时候喂的兔子。树上那么多的绿叶未落就先干了,收藏起来,一个冬天倒是可以把兔子喂得肥肥的。今天天冷,还有大风,乡村小路上,边哼唱着歌边走,身上暖融融的,还出了点儿汗。

寂静,故意去雪地里踩几脚,喜欢听那咯吱咯吱的声音。正碰上

一个留守男孩去菜地里给他的爷爷摘红色的辣椒回来，于是跟着去了他家。他的爷爷还是病在床上，奶奶去外面捡柴刚回来。他感冒了，断断续续地咳嗽，明年他就要考高中了，现在他学习很累。每来他家里一次，就心酸几天，他瘦得要是碰上大风天，准能把他吹倒。等下次再来这个村，定要给他买些鱼肉，孩子正是用脑最多的时候，营养跟不上身体哪行啊！他的学习还是较乐观的，就是英语跟不上，这个寒假得给他想个办法。

这个村有几个留守女孩都已升入高中了，想想认识时她们还在中学读书，现在多是发短信或是打电话联系了，高中学习更是紧张，星期天都很少休息。其他孩子都还好，最后去了那个毕业后外出打工的孩子家，在她家里跟她通了电话。她现在在烟台，已是青年的她好像成熟了许多，说过几天回来看我。起初我还很担心在外打工的她，现在她反倒嘱咐起我来了，像个家长似的，说什么让我吃饭别老是凑合，那样对胃不好。想起那个在我面前曾多少次抹泪的小女孩，现在长大了自立了，我心里有说不出的高兴，也少了几分牵挂。

我们选载冯丽丽的日记，主要是想还原最真实的一面。这真实的一面，不仅是记录冯丽丽个人的奉献事迹，更主要的是包含着更多的信息量。乡村留守孩子真实的生活状态，通过这些朴素的文字记述可窥一斑。

在我们乡村，很多孩子没读完初中就辍学打工去了，开始重复着父辈的命运。以我们家族为例，我家弟兄六个，还有一个妹妹，我们弟兄一共生了七个男孩、三个女孩，能够读到初中毕业的只有一个侄子，其他的孩子无一例外都选择了中途退学。先是成为留守孩子，过几年分别外出打工。这是一个叫人担忧的现象，可是身处其中，我们也有很多的无奈。我的几个哥哥都是面朝黄土背朝天的农民，土地收入微薄，只能农闲的时候靠打工为生。我们也不是不会算账，首先是孩子的学习兴趣不浓，不爱学习。其次，作为家长，根本无暇顾及孩子的学习，就是想管孩子，因为自身文化程度有限，也辅导不了。

还有一个事实是，在我们乡村，读书走出农门的概率不高。从乡村初中升入高中的学生寥寥无几，就算考上一批孩子，三年高中生活，孩子学习很苦，家里也花了不少钱。结果，有的没考上大学，家里等于白花了钱。还有，这几年大学生在村里也不像以前那样光荣了。原因是很多大学扩招，门槛很低，而且大学毕业以后，工作不好找。

所以，像冯丽丽日记里提到的孩子康有的境遇并不是个例，在我们这边的乡村具有普遍性。家长都想着让孩子学点儿实用的手艺，为以后的生活做准备。所以，在乡村开展职业教育是势在必行的趋势。现在很多地方职业技术学校不少，但是还是走在了民营技校的后面。我去一些职业技术学校考察过，状况也不容乐观。相比之下，民营的技术学校，虽然收费不低，但是普通课程和技术课程安排得较为合理，能够学习到一技之长的孩子很多。而更多的职业技术学校，虽然优惠政策和补贴不少，但是课程相对松散，可操作性小，孩子学到的东西不多。我连襟家的女孩就是初中毕业以后到了我们当地的技术学校学习，一个学期下来，真正的东西学不到，一些课程基本都是没有什么用处的。后来她听说市

内一家打字社需要店员,就自己去找工作。没出半年,就学会了很多操作,得到了老板的认可。后来她干脆就退学,直接上班了。

那个叫婉婉的女孩

我曾关爱的留守儿童婉婉,如今已是成人了。她学的是幼师,还有半年毕业。学校放几天假她回来了,她奶奶家是大三家乡的。她说,我住的这个小屋是她最喜欢最想回的家。她曾在这里住过一个多月,现在我还让她留着小屋里的钥匙,告诉她想回家的时候就自己开门进来。

她是带着她的弟弟一起来的。婉婉看上去还是很瘦弱,这么冷的天还没有穿厚毛裤,也没有穿棉鞋。我又是心疼又是生气,训她上学后马上把棉鞋换上。她调皮地向我吐舌头,眼睛直盯着我的脸:"姨,你还说我呢,昨晚又熬夜了吧? 脸都是灰黑色的了。"

忙了一上午,中午急忙回去给他们准备吃的,主食是猪肉馅的饺子,还给孩子们做了排骨炖豆腐。吃完后我们聊起婉婉的事,她毕业后先是在朝阳的幼儿园实习一年,然后她想跟同学一起去大连打拼。婉婉这个孩子心智比较成熟,很有自信,已经懂得了自尊自爱的道理,是一个在外让我放心的孩子。她最让人头疼的是凡事都要追求完美,遇到一点儿小挫折就会忧伤很长时间,这样就影响了她学习时的情绪。有一次我给她发短信:"要是遇到不开心的事,又实在不想告诉任何人的时候,就去听音乐,它能化解挫折和忧伤。"那以后,这个方法她一直都在用。她说,现在她最喜欢听钢琴曲。

下午,她坐车回学校去,她明天开学。我望着她瘦小的背影,她也一步三回头地直向我招手。那一刻,我们都在掩藏着泪水。

在冯丽丽的日记中,那个叫婉婉的女孩出现频率很高。这些年,冯丽丽一直跟踪关注婉婉,从她选择幼师到参加工作。在采访的时候得知,婉婉已经和男朋友登记结婚了。按照年龄来看,婉婉结婚较早,冯丽丽说,这跟她的家庭环境和背景是有关系的。婉婉的爸妈以前总是吵架,婉婉得不到家庭的温暖。她曾经跟冯丽丽说,自己结婚就是想早点儿有一个温暖的家庭,可以弥补留守时候的遗憾。

如今,婉婉长大成人了,有了不错的生活归宿。冯丽丽说:"在我们乡村,我不奢望每个孩子都有很好的事业发展,有很好的前途,有很风光的工作,只要他们健康,只要他们幸福平安,对社会无害,那就是一种丰富的人生。留守儿童需要全社会的关注,我自己的力量还是有限。政府现在也越来越重视了,这么多年,各级领导给了我很多支持。我希望这种支持变成一种常态,大家都来关注留守儿童的成长,使他们没有那种被抛弃的感觉,留守孩子的标签其实不适合他们的成长。我想总有一天,他们会像千千万万个普通孩子一样,来面对自己的世界。"

是啊,我也希望冯丽丽的愿望成为一种现实。在离开冯丽丽留守儿童之家的时候,北票市妇联的主席风风火火地赶来,在跟冯丽丽商量暑期留守孩子安全的问题。看来,她们的工作很忙。我们为冯丽丽的事迹感动,关爱留守儿童的健康成长,但愿不要只能成为一种民间个体行为。政府的力量、关注度和志愿者们共同的努力,才会使关爱

留守儿童的工作行之有效地持续开展下去。

现在的冯丽丽够辛苦的，然而最叫她揪心的还不是这些。留守儿童之家有了宽敞的活动场所，可是那不是冯丽丽想要的。因为场所再大，也在都市里，离乡下的留守孩子距离远。孩子要参加一次活动，从四面八方赶到城市来，那不是冯丽丽的初衷。在做这件事情的时候，冯丽丽没有任何作秀的想法。她就是想让孩子们能够健康，能像那些父母在身边的孩子一样快乐地生活。

这个梦想，冯丽丽不知道什么时候能够实现。她说过要有自己的产业，要用自己的力量继续为留守孩子服务。可是理想和现实之间毕竟存在差距，我们祝福冯丽丽的同时，也应该思考。但愿我们为留守孩子所做的每件事情，都不掺杂任何的功利目的和作秀成分。但愿我们在关爱留守孩子的行动中，不仅仅是几个个人在奔走。关爱留守孩子，这不是哪一个个人的事情，应该是我们全社会的责任。冯丽丽，一个普通的乡村女子，她用心中的大爱，诠释着人间的暖情。我们祝福她的梦想成真，而她的梦其实也是我们每一个人的希望啊。

第五章　石泉的孩子

造访石泉

出版社的朋友推荐去石泉县采访,我开始并没有重视。石泉县在地球的哪个角落我都不知道,脑子里一点儿空间概念都没有,再说跟我这部书稿有什么关系?朋友介绍说,全国留守儿童工作做得很出色的地方是石泉县,据说创造出了一个"石泉模式"。哦,有这么典型,我倒是对这个遥远的地方有了兴趣。

可是我还是在心里质疑,"石泉模式"到底是怎么一回事呢?是真的名副其实吗?山高路远的,我跑去采访,要是看到的都是粉饰的现实,那我岂不白白花了机票的钱,浪费了宝贵的时间?关爱留守儿童也号召很多年了,很多地方工作开展的情况各异,遇到的困难却不少,

石泉县能够做出什么样的模式呢？

那些天，我不断上网去查看石泉的有关信息。从网上搜索到很多石泉县的照片，河谷两岸就是一座小小的县城，一条汉江水从容从县城的中间穿过，惬意舒缓，这里是个美丽的地方。我不禁产生了疑问，如此秀丽山河，怎么会跟贫困搭上关系？怎么会有那样多的留守儿童？还有，我的脑际突然出现一群孩子的面孔。他们稚气未脱，他们渴望关爱，那是石泉的孩子，父母出门打工，留下他们在家里，学习和生活究竟是什么样的状态呢？

我突然动了要去石泉采访的念头。

眼看着国庆假期临近，此时前去采访肯定多有不便，只好等着假期结束奔赴石泉。假期看新闻，知道他们那里闹出了胡蜂伤人事件。这个长假因为一群胡蜂捣乱，全县各单位取消了放假，都来做防胡蜂工作。我有点儿后悔提前预订了不能改签的机票，如果知道他们假期不休息，我就那个时间去，正好也参与一次防蜂大战。在西安逗留一晚，都在看关于石泉县的资料。

石泉县位于陕西南部地区安康市的西部，北依秦岭，南临巴山，地处秦巴腹地，汉水之滨。总面积 1525 平方公里，人口 18.2 万，是国家秦巴连片扶贫开发重点县。石泉正处于秦巴扶贫、西部大开发和陕南循环发展的重要机遇期。风能、水能、生物质能源开发，城镇化，生态旅游开发，矿产资源开发，丝绸资源开发，医药和富硒农产品开发等前景广阔，大有可为。

石泉建县于西魏废帝元年（公元 525 年），因"城南石隙多泉、径流不息"而得名。石泉是秦巴汉水生态旅游重要目的地,素有"秦巴山水、石泉十美"之称;是西部第一蚕桑产业大县,被誉为"丝路之源、金蚕之乡";是国家南水北调重要的水源涵养地和西部重要的电力能源基地;是先秦文化的重要发祥地,纵横学派鼻祖鬼谷子在此修炼授徒,又称鬼谷子故里。

10 月 10 日上午,我坐上了出版社送行的车直奔石泉。汽车一会儿就驶离了繁华的闹市,远远地看见一脉山峦横在前方。同行的朋友告诉我,如果是晴天,在西安市内的家中,能够从阳台上望见秦岭。

哦,秦岭,远处的那片山峦竟然是秦岭。做梦都不会梦见我会穿越秦岭。我们的车在秦岭的脚下行驶,此处风光别有韵味。两侧山峰斜插向天际,山上植被层次清晰,路途曲折蜿蜒,路不是很宽阔,却很规整,沿着山底一直向前。想不到由于海拔的不同,往前走了不远,我的耳膜开始鸣响,好像坐上飞机一样的反应。同行的朋友笑说,越是身体好的人反应越是敏感吧。如此近距离地接触秦岭真是人生的一大快事。窗外秋天的秦岭像一幅色彩斑斓、赏心悦目的画卷,时而是静态的端庄,时而是动态的巍峨。

秦岭是横贯中国中部的东西走向山脉,西起甘肃南部,经陕西南部到湖北、河南西部,为黄河支流渭河与长江支流嘉陵江、汉江的分水岭。秦岭 - 淮河一线,是中国地理上最重要的南北分界线,秦岭还被尊为华夏文明的龙脉。

秦岭东西绵延 1500 千米,南北宽达 100 至 150 千米,海拔多为1500 至 2500 米。北侧是肥沃的关中平原,南侧是狭窄的汉江谷地。

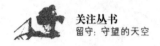

秦岭向来是关中和巴蜀之间交通的一个巨大阻碍。李白的《蜀道难》就是对秦岭山路的描写。当然现已建成穿越秦岭的铁路和高速公路。

古代无数诗人经过秦岭，都留下了不朽的诗篇。孟浩然在诗中写道："试登秦岭望秦川，遥忆青门春可怜。仲月送君从此去，瓜时须及邵平田。"白居易在诗中表达的则是另外一份愤慨和凄凉："草草辞家忧后事，迟迟去国问前途。望秦岭上回头立，无限秋风吹白须。"一位不得志的老人，须发斑白地回望秦岭，满腔抱负不能实现，那幅画面在我脑海里久久浮现着。

汽车穿越一个又一个隧道，最长的隧道是终南山公路隧道，它是西安至安康高速公路的重要咽喉，单洞长 18.02 公里，双洞共长 36.04 公里，乘车 15 分钟即可穿越。该隧道建设规模世界第一，中国公路隧道之最，长度仅次于挪威 24.51 公里的莱尔多公路隧道。2002 年 3 月，秦岭终南山深处响起了这座旷世巨隧开工建设的第一炮。5 年间，建设者不断克服断层、涌水、岩爆等施工中的难题和通风、火灾、监控等运营中的重大技术课题，使我国公路隧道建设技术达到了一个新的水平。2007 年 1 月 20 日，隧道正式通车。古代人称蜀道难难于上青天，现在有了隧道，天堑变成了坦途。

汽车在隧道里快速驶过，不同位置、不同色彩的灯光，在隧道里构成了一个光明的世界。我身体的稍感不适马上烟消云散，感叹大自然的鬼斧神工，也感慨人类的智慧和辛勤。看路边的标牌，距离我们要去的石泉县越来越近了。

石泉印象

从东北沈阳到陕南地区石泉县，路途遥远，一路奔波过来，其实就是来看石泉的留守孩子。明明已经进入石泉县城,车上的导航系统却不停下来,继续带着我们往前走。从车里看一眼外面,县城也就是我见过的一般乡镇的规模。我们都不信到了县城,于是,车子继续往前走,上了大桥一直绕城而去。走出很远,大家才意识到不对,司机师傅紧急调整导航系统,提示音说调头回去,我们已经走了四五里地的冤枉路。司机师傅一直很抱歉,我调侃说权当过来旅游了,看了石泉汉江上游的水库美景,岂不是重大的收获。

一来一走,石泉的整个概貌就尽收眼底了。我不禁哑然失笑了下,因为从大桥的那个角度来看县城,真的跟照片上一模一样。当初看照片,却没有想到真实的石泉县城只有这么一点儿大。一座小城依水而建,楼房就在江畔零散地分布开来。很显然,背依大山,坐拥汉江水,陆地位置就显得捉襟见肘了。

石泉——是我见过的最小也最美的县城。

整座县城从城这边到城那边,大约十几分钟步行路程吧。县城只有一路公交车,很小的那种。出租车起步价是 5 块,跟司机师傅交谈,他们这座小城里大约有 110 多辆出租车。物价不贵,这是一个适合人类居住的城市,山清水秀似乎就是说的这里。没有污染,空气清新,街上的人们气色不错。

跟当地的人闲聊,先问这个城市娶个媳妇大约需要多少钱。想不到得到的回答跟全国其他地方没有多少差异。买个楼房,一百平的,大约也需要 40 万,媳妇娶到家,没有五六十万下不来。这样聊着就没有了陌生感,于是就问这个地方的农民他们靠什么生活。回答大多数

是出门打工。

工业不发达，土地不多，基本都是坡地，主要农作物是土豆、玉米等。种植农作物收益不大，再加上现在基本都实现了机械化，节省了大量的劳动力，农活家里的老人和妇女就能够完成，男人们大多数在家没有事情做。虽然适合居住，但是过日子物质上还是感觉不够富裕。还有一点，国家土地政策有所调整，土地是可以自由流转的。比如几家不爱种地的人家可以把土地承包给有种植意愿的农户，这样发展就均衡了。于是，这里的劳动力大多数选择了外出打工。石泉县辖11 个镇、202 个行政村和 10 个城镇社区，农业人口有 15.3 万人，常年在外面打工的人数 3.9 万人，农民劳务收入占人均纯收入 48%。全县义务教育在校学生 24656 人，其中留守儿童 1.18 万人，占义务教育阶段学生总数的 48%。全县寄宿的留守儿童达 4681 人，占留守儿童总数的 39.5%。

这么多留守儿童的出现，一定会随之出现很多问题。亲情缺失，监护不到位，情感残缺，难免会出现自卑心理、自闭心理。留守儿童出现生活失去帮助、安全失去保护、精神开始失落、道德准则失去规范等一系列的问题。朋友曾经推荐我看一位资深的专家的文章，那位专家在文章里指出，要解决留守儿童问题，就要在法律法规上完善。比如就像"常回家看看"那样的规定，在我们国家，应设定法律，儿童在几岁之前父母是不能离弃的。这样就会有效控制留守儿童的产生，在法律上保证不出现留守儿童现象。

没有想到接待我们的石泉县委宣传部的周瑞玲部长马上就否决

了专家的"想法"。周部长年轻干练,不但长得漂亮,办事也雷厉风行。来石泉县采访,都是她安排接待工作的。周部长认为,专家没有经过实际的调查研究就妄下论断。像我们中国广大农村,留守儿童的问题是不能光靠立法就能够解决的。这样的立法其实也解决不了实际的问题,治标不能治本,甚至标本都不能治。话不是说得很严重,以我们石泉县为例,农民在土地上的收益远不如出去打工劳务输出收益大,把大人都按在家里不出门,过日子很艰难。出去打工带走孩子,又不现实。就像规定常回家看父母一样,哪个父母不希望自己的孩子在外面过得好些,不体谅子女们的为难? 真要是到了法律的层面上,我们作为父母的起诉了子女,子女碍于法律的威严回到父母的身边,亲情淡去,空留法律的面孔,想想该是多么可怕的事情。我们不赞成专家的言论,是因为我们石泉县有自己的办法。不光是留守儿童问题,"三留守"的问题我们都要面对,如何解决好这些矛盾,石泉县不敢说走在全国前头,但是总是做了一点儿事情。这点儿经验也都是在摸索中,作家、记者都可以来采访,我们全力配合。以目前状况,只有解决了"三留守",叫打工者没有后顾之忧,这才是正道。

得知石泉县刚刚拍摄完成一部留守儿童题材的电影,叫《山娃的春天》。《山娃的春天》是中国首部以陕南农村留守儿童为题材的公益电影,故事主要讲述了秦巴大山中留守儿童石山娃的成长经历和生活现状,赞颂了两个年轻大学生"村官"和支教老师以身作则、全心全意为群众服务的奉献精神。故事的主要取材就是石泉县的留守孩子,都是根据真人真事改编的。

周部长把石泉县留守儿童管理中心的主任夏玉琴介绍给我，这几天的采访，我就随同留守儿童管理中心的同志一起行动。石泉县为了更好地开展留守儿童管理工作，特别成立了管理中心，中心配备了编制，这在全国很多地方是少见的。

夏玉琴主任原来在最基层的学校工作，是最早一批参与留守儿童工作的，将她调到留守儿童管理中心，就是看中了她的工作经验。其实石泉县开始面对留守儿童问题时，也没有什么现成的经验可借鉴。领导重视，大家就在一起慢慢研究、慢慢总结，从实际工作中找到可以遵循的规律。几年时间里，通过创新机制、构筑网络、整合资源和丰富载体等一系列行之有效的工作举措，努力探索符合贫困山区特色的留守儿童教育工作的新机制、新模式，走出了自己的一条道路。下午我没有直接要求下去采访，而是在房间里看他们的一些资料。我们约定，看完这些资料以后，我来列出我想采访的内容。不管去哪儿，不管采访谁，留守儿童管理中心都会派专人协调配合。

看资料累了，我就出去走一走。夜晚的汉江更加妩媚，整个石泉县城一片灯火辉煌，远处的山上也是火树银花一样。问附近的居民才知道，石泉县很注重亮化工程，远处山上的璀璨都是太阳能灯。整个小城和谐安宁，汉江水在夜幕下显得更加恬静柔美，缓缓的流水传入耳际，仿佛天籁声声。偶尔还会漂过一叶小舟，波光粼粼之上，多了几分诗意。这个夜晚，更适合写诗。沿着汉江水往下走，恍惚间到了仙境一样，传说中汉江的脱俗之美，真的是名不虚传。不远处的房舍挑起了几盏红红的灯笼，走进去才知道这里别有韵致。一条明清古街在夜幕下呈现出一派宁静安详之美。这里没有喧嚣,很少的几家烧烤店门前有游客在吃喝,往里走,就少了嘈杂之音。偶尔见路两边的房子里有打牌的老人们,声响都不大。从他们身边走过,他们似乎没有看见一样,对异样的眼神,他们回馈的往往是泰然。

走在夜晚的街道上,我在想,如果你不热爱,是无法读懂一座小城的内涵的,不是吗?人的一生其实是行走的过程,我们很珍惜路上的风景。就是这样一座小城的一个夜晚,因为她的安宁,会留给我们太多的感动。此刻,叫我忘记身在他乡的寂寞,跟着一座城市的脉搏,感受她的专注和多情。

留守儿童成长中心

时间: 2013 年 10 月 11 日上午

地点:石泉县城关镇中心小学

上午先去留守儿童管理中心,把我昨天晚上准备好的采访计划跟夏玉琴主任进行了沟通。夏主任很快就根据我的采访意愿做了部署。三天时间,采访很紧张,我们必须抓紧时间。今天上午跟留守儿童管理中心的工作人员小陆一起出发去城郊的城关镇中心小学采访。

为全面改善留守儿童的成长环境,石泉县早在 2007 年下半年,就开始大力筹建实施留守儿童教育成长中心、校外活动中心和托管中心项目建设,全方位构筑留守儿童教育管护工作平台。留守儿童教育中心主要是以学校为主体,学校是留守儿童学习和生活的主阵地。这项工作开展之初,学校的寄宿容量小,条件差,硬件跟不上去,遇到了很

多困难。过去的几年时间里，石泉县想方设法，多渠道争取资金投入，仅2007年至2009年三年间，就投入资金5400万元，先后在全县15个乡镇的中心小学建立了26个留守儿童成长中心。

每个成长中心设有亲情接待室、保健室、心理咨询室，配置亲情电话、电视，配备了专职的生活管理和心理辅导老师，真正把学校建成了校园、家园、乐园。我们去城关镇中心小学就是要看看这里的留守儿童成长中心。这里也是石泉县率先试点成立中心的地方。

小陆叫陆俊箐，她是个热情的女孩，办事和沟通能力也很强。她不但要协调联系我的采访，还得充当我的翻译。当地的石泉方言说得快的话很难听清楚，我不明白就看小陆。小陆心领神会，马上就用普通话学说一遍。我们打车去的城郊，大约十几分钟的时间，校长吴自红早早地在校门口等我们。

吴校长在城关镇中心小学工作16年了，积累了大量的工作经验，也与留守儿童培养起深厚的感情。从最早的普通老师到教研主任，再做了几年的副校长，到如今独挑大梁做了校长。吴校长和她的老师们为留守儿童撑起了一棵大树，在这棵大树的护佑下，各个年龄段的留守儿童在茁壮地成长着。

这次采访，全程都是吴自红校长和小陆给我做介绍的。小陆的业务很娴熟，每到一处，小陆都能够随口叫出那些老师和孩子的名字，还能够帮助我挖掘这些人物背后的故事。吴校长温文尔雅，她向我推荐最多的是其他老师的辛苦。学校有教学老师，有班主任老师，有生活管理老师，每个老师的上班时间很长，早晨7点半到校，下午5点10

分离校,白天工作任务繁重,中午休息时间都要去照顾孩子们。

　　城关镇中心小学的留守儿童成长中心现在有寄宿的孩子 60 人,周一到周五全天时间都在学校里度过。这里成了他们真正的家。走进成长中心大楼,我被眼前温馨的一幕感动了。走廊和楼梯口都贴着孩子们自己画的作品,尽管还很稚嫩,却充满着童真童趣。他们的宿舍非常整洁,陪同我们进入宿舍的生活老师介绍说,床上规整的被褥都是孩子们自己叠的。学校每到新学期都要请部队的教官来亲自指导孩子们叠被褥。先来的留守孩子带后来的,大的带小的,形成了传统。吴校长介绍说,学校经常组织留守孩子举办叠被褥比赛,不但使他们养成了良好的生活习惯,还增加了生活的乐趣。

　　我注意到,孩子床下的鞋子都摆放得整齐统一。吴校长介绍说,培养留守孩子自己动手能力远比我们亲自去监督要好,孩子们积极性

高，成长也充满快乐。在留守儿童成长中心，我们还看到了亲情接待室，有时候远在外地打工的亲人回来，来学校探望孩子，就在这个地方。另外一间房间里，还有一部电话和一台电脑，这里有免费的亲情电话和视频，孩子们可以跟远在千里之外的家长进行交流和沟通。

参观完毕吴校长给我放映了视频资料，都是这些留守孩子快乐成长的照片。我边看视频边听吴校长的讲解，在一个个小故事中感受留守儿童的充实与幸福。

男孩晓亮以优异的成绩考入了初中，他的老师和家长都为他自豪和高兴。可是回忆起几年前晓亮的家庭状况，哪一个人都高兴不起来。

晓亮原本不是城关镇中心小学的学生，他老家在乡下，离学校有着四五十里远的山路。一场家庭的突然变故，改变了晓亮的生活轨迹。晓亮原本有个幸福的家庭，他和爸爸妈妈还有奶奶一起生活，日子过得温馨美好。晓亮喜欢跟着妈妈去田里干活，盼着爸爸打工回来全家团聚。因为爸爸总是能够从大山外面带来好的消息，带来特别好玩的礼物。尽管爸爸打工赚钱不是很多，可是每次回家，带给他的礼物都是必不可少的。

后来，爸爸在打工的地方出了事故去世了。消息传到家里以后，奶奶当场就哭昏了过去。妈妈抱着木然的晓亮不知所措。家里的顶梁柱倒下了，接下来的日子该怎么过啊？晓亮的脸上失去了微笑，从此没有了欢乐。奶奶身体不好，妈妈整天泡在泪水里，晓亮的学习成绩直线下滑。

第五章 / 石泉的孩子

晓亮有时候站在村口,他在期待着打工的爸爸能够回来。可是,爸爸真的走了,再也不能像从前一样,从远方带着礼物归来。家里的收入少了,生活陷入了困境。妈妈还年轻,在爸爸走后,很多人上门来提亲。那个时候,晓亮特别恨那些来提亲的人。有时候看媒婆进家门,他就在门外把媒婆车子的轮胎气放了。晓亮不希望再失去妈妈。

可是,最担心的事情还是发生了。妈妈为了赚钱养家,也出去打工了。一年以后,她带回来一个男人。妈妈让晓亮叫他叔叔。晓亮意识到妈妈该离开自己和奶奶了。那个男人也结过婚,家里也有孩子。妈妈叫晓亮跟过去,晓亮不肯。晓亮不愿意离开孤苦伶仃的奶奶,不愿意离开这个曾经温暖和幸福的家。

妈妈改嫁走了,晓亮变得沉默寡言,跟小伙伴们也不合群了,性格还变得特别敏感。小伙伴们有时候说的话不针对他,他也感觉自己受到了歧视一样。有时候还会无端发火,控制不住自己的情绪,他学会了用暴力来解决问题。

在原来的学校里晓亮成了另类,学习不用功,还总跟同学们打架。年迈多病的奶奶照顾晓亮也显得力不从心。他的情况学校是掌握的,于是他被送到城关镇中心小学上学,开始了寄宿生活。

到留守儿童成长中心里,晓亮的种种行为叫人头疼。首先是卫生问题,因为在家里没有人管,在集体生活里晓亮感觉无所适从。他不讲卫生,不爱洗脚,随地乱扔垃圾。同学纠正他的错误,他不服气,还直接发生冲突。

管理中心的老师为他专门开了会,研究怎么帮助他改正。其实老

师们更多的是挖掘孩子身上的优点。比如晓亮身上也有一般孩子没有的优秀品质,他能吃苦、坚强、不服输等。老师们就很好地利用这一点来接近他。有缺点不是一下子就能够改正的,要循序渐进才行。开学不久,在留守儿童成长中心里开展了一场竞赛,这场比赛别开生面,是叠被子大赛。谁在最短的时间内,叠的被褥最整齐,符合要求谁就能够拿第一。这下晓亮可着急了,因为平时没有良好的生活习惯,快要比赛了怎么办?晓亮不服输,自己偷着练。老师看在眼里,及时鼓励他参加比赛。

比赛那天,晓亮果然不负众望,在叠被子比赛中拿了第一名的成绩。面对着奖状和鲜花,晓亮露出了笑容。那次,他还获得了笑脸娃娃的评选资格。而更加高兴的是全体老师们,走进孩子的内心世界,是一件多么不容易的事情。

晓亮后来变得阳光开朗起来了,老师给他补功课,学习成绩也进步不小,老师及时表扬了他。好孩子都是夸出来的,这话不假。毕业了,离开学校,晓亮有些恋恋不舍。他说,他永远是小学生该有多好啊。

孩子的话带着稚气,却真实地反映了他们的心声。

吴校长说,晓亮是很多留守孩子的代表,他的转变给我们所有的老师增强了信心。我们城关镇中心小学的留守儿童成长中心是最早的试点,很多领导有时候搞突击检查,看看我们是不是名副其实。在留守儿童成长中心的工作方面,我们是有底气的,不怕各种各样的突击检查。

小美跟晓亮的情况差不多。她初来成长中心的时候,比晓亮的年龄还要小。性格孤僻,不爱讲话,封闭自我,晚上总是哭。小美的爸妈都常年在外地打工,有时候好几年都不回来一次。

小美一直跟年迈的奶奶生活在一起,脑子里基本没有爸妈的概念。在亲情电话里,小美没有几句话跟爸妈说。孩子是从小被爸妈丢惯了,也丢怕了。奶奶年龄大,每天小美去上学路途远,照顾不过来。从小学三年级开始,小美来到了成长中心。

每天晚上小美都要哭鼻子,她不习惯住在成长中心。在她的意识里面,觉得自己是这个世界上多余的人,爸妈不管她,奶奶也不要她了。她最在意的就是奶奶,觉得奶奶是这个世界上她最亲的人。把自己送到成长中心来住宿,就是奶奶不要她的意思。

针对小美的情况,老师们也有自己的对策和办法。吴校长给我们介绍说,社会上往往有个误区,一提留守儿童就觉得他们是贫穷的,需要物质资助。其实很多留守儿童缺的不是钱,比如小美的爸妈,他们在外地打工赚了很多钱,每次都往回给孩子捎钱,可是孩子仍然不快乐。因为他们最缺的是亲人,是亲情的温暖和呵护。

针对这种情况,成长中心开展了大手帮小手,给孩子找代理家长的活动。从学习上给孩子帮助,从生活上给予照顾。每一个在成长中心的留守孩子,都有一个代理家长。全校的老师、一些机关的干部,甚至远在北京等外地的朋友,都是成长中心的代理家长。有时候赶到周末,代理家长把孩子还带回自己的家里团聚,让他们感受家庭的温暖。

小美的代理家长是北京的,中央编译局的同志下基层调研,赖叔叔成了小美的代理家长。2010 年,小美还被赖叔叔接到北京去住了一

周时间。一个大山里的孩子走出了家门，来到繁华的首都北京，小美大开了眼界。

老师们发现，小美是个有文艺表演天赋的孩子，只是这种天赋没有被挖掘出来。班里举办联欢会什么的，老师就鼓励小美去做主持人。小美对自己是质疑的，她害怕上台。可是架不住老师的热情、同学们的鼓励，小美第一次登台做主持人，并且成功了。这叫小美的心里充满了自信，她开始转变了，打开了自己的封闭空间，跟周围同学交上了朋友，还主动帮助起别人来。

在成长中心里面，孩子们所有的事情，都是在老师的引导下自己动手。老师们的理念是：习惯比知识重要。养成良好的生活和学习习惯，比考试考好要有意义。在这里生活的贫困生，是享受两免一补待遇的。两免一补的意思是只要是贫困学生，就要免除学费和书本费，还要给予生活补助。

城关镇中心小学一共有 45 个老师，其中 10 个男老师，女老师多。这些老师肩负的担子可不轻。他们都是学生的代理家长，每人认领一个孩子。五年级二班的班主任叫何才荣，她对班里最需要关心关爱的 6 个孩子，承担起了代理家长的任务。这 6 个孩子有的来自单亲家庭，有的是隔代监护，有的来自重组家庭，面对着这样的状况，何老师付出的辛苦可想而知。哪个孩子有事情，自己心里都不好受。但是看到这些孩子能够健康快乐地生活和学习，何老师的心里像吃了蜜一样甜。每天拖着疲惫的身躯回家，连话都不爱说，因为在学校里把很多话都说完了。有时候也感觉愧对自己的家人，好在家里人理解她的辛苦，支持她去做这一切。

跟吴校长交谈中我注意到,吴校长提到最多的,是那些曾经在中心建立之初辛勤工作的老师们。在会议室的墙上,我们看到了很多老师的名字,他们曾经在这里工作过、奉献过,学校的优良传统不能丢掉,什么时候都不会忘记他们所做的一切。

吴校长提到最多的 3 位老师的名字是杨丽欢、贺静和朱霞。据说这 3 位老师是留守儿童成长中心建立时期工作的元老和功臣。更为值得纪念的是,因为她们的工作表现突出,先后被转为正式的老师,虽然调离了学校,但是还工作在教育的第一线上。

我对这个话题特别感兴趣。在学校采访,要考虑老师和同学的上课时间。我们不能因为一次采访而叫老师放下自己的课程,叫孩子离开教室。一切都要以他们的时间为主,但是我向吴校长和同行的小陆提出,这几位老师我希望能够见到,跟她们聊聊,或许对我的采访有帮助。

小陆向吴校长表达了我的意思,吴校长很快就给杨丽欢老师和贺静老师打了电话,说中午休息时间,叫她们过来见一次面。

走近知心姐姐

我的心湖永不干涸,常能泛起涟漪,因为生活需要感动。希望,我能进入你的世界,欣赏你画纸上的涂鸦,分享你心中的童话。希望多年后我仍有一颗善感的心,欣赏你,包容你,鼓励你,爱你——我亲爱的孩子们,让我们,永远,一直,大手牵小手,一起往前走!

这是杨老师写的一首叫《希望》的小诗，辞藻并不华丽，却充满着真诚的力量。从遥远的陕西南部石泉县采访回来，我一直难以忘怀的是那方土地上生活的人们，他们勤劳善良，他们乐观坚韧，他们热情好客。

中午跟几位老师一起共进午餐，石泉的美食是出名的，还有数不清的风味小吃。汉江的小鱼味道鲜美；石泉豆腐干，质地细腻，有筋丝和弹性，带油润，气醇郁，健脾胃，入口齿颊萦香。

石泉的人是健谈的，可是面对我的突然采访提问，两位老师还是有些腼腆。短短的时间不能说得太多，何况这姐妹俩是一个健谈、一个寡言。据说，她们工作时候是最佳的拍档。一个写字好，一个唱歌好，取长补短，配合起来特别默契。

第五章 / 石泉的孩子

石泉县早在 2008 年就在全县范围内招募留守儿童工作志愿者，那时候有 30 名志愿者工作在关爱留守儿童第一线。城关镇中心小学留守儿童成长中心就是其中的试点之一。刚开始的时候，软件、硬件设施都不具备，只有一群孩子，只有几个没有任何工作经验的女孩子——杨丽欢和贺静就是其中的两个。

回忆起当时的情景，杨丽欢老师百感交集。她说那时候年轻气盛，原来自己还是孩子一样，现在突然要面对一群孩子，而且大多是留守孩子，什么情况的都有。有的孩子特别顽皮，有时候干很多出格的事情。有一次一个女生的饭盒里，不知道被谁拉了一泡屎。杨老师气得哭了一鼻子，她觉得这简直是不可思议的事情。

那时候这几个女孩子刚从师范学校毕业，前途迷茫。因为当时师范专业已经不再包分配了，每个月在学校只能拿 1000 多块钱的工资，付出的却很多，每周一到周五，她们都要守在学校，陪伴在这些孩子身边。尽管有委屈，也有辛苦，可是她们都是充满爱心地呵护着孩子们。杨丽欢老师自己曾经就是留守孩子，她知道孩子的内心需要什么。还有，杨丽欢上学的时候，老师不是很喜欢她。杨丽欢那时候的理想就是做一个好老师，要一视同仁地对待每一个孩子。

没有现成的经验可以遵循，她们就摸索着去工作。姐妹们忙了一天，还要一起研究怎么解决一些棘手的问题。蹲下来跟孩子交流沟通，是老师们的共识。不能站着去面对孩子，要用平视的目光注视他们，把他们学习、劳动和生活的积极性调动起来。努力跟孩子们交朋友，给他们足够的时间去改正生活上的不良习惯，一个月不

行就两个月，两个月不行就半年，直到他们都成为懂事听话的好孩子。

从成长中心走出来的孩子，可以考不上大学，但是一定要成长为一个具有优秀品质的人，即使是外出打工，重复父辈的命运，也一定成为一个优秀的打工人。

已经毕业的留守孩子陈振勇没有能够继续读书，他在打工的酒店很快就成了大堂经理。这些走出去的孩子特别想念成长中心陪伴他们度过的岁月。他们时常回来看一看，看一看关心他们的老师，看一看他们曾经住过的宿舍、嬉闹过的操场。有的孩子没有礼物送给老师，他们就去山上采摘了各种野花，捧着这些鲜花，把芬芳与美丽献给了成长中心的老师。

午饭后，我们再次回到城关镇中心小学留守儿童成长中心。这次，也是杨丽欢和贺静两位老师的"回家之旅"。回到曾经熟悉的学校，一切都显得亲切。她们向我介绍以前这里发生的故事，给我看厚厚的一本本记录孩子成长足迹的笔记。

留守儿童成长中心针对所有孩子的共同兴趣，设立了很多他们都喜欢的项目，比如看亲情电影，比如笑脸娃娃的评选等。中心开展的阅读活动特别受孩子们喜欢，宿舍里还有适合孩子阅读的图书。午后阅读半小时，睡前阅读半小时，孩子们在阅读中学到了知识，享受到了学习带来的乐趣。成长中心还有健康室，备有简单的应急药品，并给孩子们定期体检，由老师吴自琴和陈竹专门负责。我去的时候，看到体检表上清晰地写着孩子的姓名和一些体检指标。

在孩子们就餐的餐厅里面，我看到每张饭桌上都有一个桌牌，一面写着在这张餐桌上就餐的孩子姓名，一面是孩子的照片。其中一张是这样写的：

罗溪森，作为一名刚入住成长中心的学生，她能够很快就融入大家庭中，是进步最快的孩子。

这样的鼓励随处可见。孩子们有什么事情不方便说出来，可以走进专门为他们设立的"悄悄话"小屋，可以用写信的形式把自己心里的困惑、问题写出来。"悄悄话"小屋有专门的辅导老师看信件，针对每个孩子提出的问题，再以书信的形式回复给他们。

杨丽欢和贺静就是当初的第一批知心姐姐，桌上的档案里详细记

录了她们当时的工作情况。现在的知心姐姐是陈竹老师。不顾我的采访，两代知心姐姐就在旁边用当地的石泉话开始交流跟孩子沟通的经验了。忙里偷闲，我快速浏览了档案里面一封封孩子和老师的通信。时光开始倒流，我仿佛看到了几个稚气的孩子，他们或是趴在只剩下一个人的教室里，或是躲在一个人的被窝里，把自己的心里话写给知心姐姐……

知心姐姐：

　　每次上语文课时，老师让同学们举手发言，虽然我心里已经有答案了，但是想到要当着这么多同学的面发言，我就胆怯。姐姐，您说我该怎么办呢？

　　祝您：

　　　　身体健康！

　　我愿意和大家分享我的心里话！

　　　　　　　　　　　　一个需要您帮助的孩子　李晓

李晓同学：

　　你好！非常高兴收到你的来信，感谢你对知心姐姐的信任。从你的来信中知道你的烦恼，可见你是个胆小怕羞的小女孩。怕羞、胆怯是少年儿童在社会活动中产生的一种正常的紧张、拘束的情绪。这种心态会给自己的学习、生活带来困扰，姐姐认为一个人做什么事都要有自信心，要相信自己，欣赏自己。即使偶尔一次发言失败了，也不要灰心,要继续努力,争取下一次发言的机会。

姐姐相信你是最棒的,要加油哟!

知心姐姐

2010 年 3 月 17 日

通信的下面,还有老师自己写的心得:

像李晓一样,很多孩子都有害羞的特点,多数人有点儿害羞并不妨碍他们的发展和生活。一般来说,随着孩子对人、对环境的熟悉,害羞的感觉会有所减退。

孩子害羞的原因大致有下面几种:

一是受父母的影响,受家庭氛围的影响。通过了解,来信的李晓同学父亲性格较为内敛,母亲常年在外务工,缺乏对孩子情绪的引导。

二是自卑情绪影响。孩子对自己缺少自信,总觉得比人低一等,说话声音小,怯场。

三是害羞的孩子缺少社交锻炼,缺乏社交技巧。其实他们也希望展示自己,也希望和同伴一起玩耍,只是他们不知如何去做。帮孩子走出害羞的怪圈,能使他们更加自信,快乐成长。

杨丽欢

下面这封信是一个叫唐静的孩子跟好朋友闹矛盾后写给知心姐姐的,知心姐姐及时给予了回复和调解。

知心姐姐：

　　您好！

　　我想向您说一件事，我对我最好的朋友忠心耿耿，但是他们却很烦我，还跟我的敌人一起来对付我，难道是我做错了吗？难道不应该对他们那么好？他们欺骗了我的感情，我很痛心、难过。我没有做过对不起他们的事，知心姐姐你能告诉我该怎么办吗？到底是我的过错，还是他们的过错？告诉我吧！

5 号宿舍　唐静

　　以下是知心姐姐杨丽欢回信以后写下的心得体会：

　　朋友间闹别扭，关系紧张，势必对孩子造成不良的影响。对唐静同学的来信，我采取以建议为主，让孩子学会自己处理问题，最后她和好朋友谈过之后和好如初。我特意同唐静进行了面谈，告诉她，朋友之间的友谊很珍贵，但朋友之间不光是温情和欢笑，不光是你好我好大家好，也会出现矛盾。矛盾是友情的试金石，是对朋友关系的考验。面对朋友间出现的矛盾，我们应立足长远，冷静思考，积极化解，不要轻易抛弃友情。

　　通过这次事，相信唐静同学在交友方面一定会学到很多。希望我们的工作对孩子的成长有所帮助。

　　培根说："朋友之间可以从两个方面提出忠告：一个是关于品行的，一个是关于事业的。"老师、父母都应在孩子交友过程中为孩子当好参谋。

大人眼中的小事,对于孩子是大事。来信中的孩子已经是高年级的学生了,这个阶段的孩子开始注重友谊,朋友之间形成特定的圈子,共同分享一些小秘密。圈子里如果关系良好,会对孩子学习上有所帮助;如果朋友间闹别扭,关系紧张,则势必对孩子造成不利的影响。对唐静同学的来信,我让孩子学会自己处理问题,最后她和好朋友谈过之后和好如初。

知心姐姐杨丽欢

2010 年 5 月 9 日

知心姐姐:

您好!

最近,爸爸妈妈又外出打工了,我的心情也越来越糟糕,对学习也感到了厌倦。做事不认真,没有耐心。似乎对什么事都提不起兴趣,我到底该怎么办呢? 知心姐姐,快快帮帮我吧!

祝您:

身体健康、工作顺利。

五(1)班 赵鑫

2010 年 4 月 12 日

赵鑫同学:

你好,谢谢你把宝贵的心里话与我分享。看了你的来信,知道你

因为想念外出务工的父母心情很差,姐姐非常理解你的心情。可是父母远在他乡务工,也是为了让你有一个更好的学习、生活条件。相信他们也是非常想念你的。现在,你能做的只有好好学习,快乐生活,那才是对父母最好的回报。

同时,在学校这个大家庭里,把老师、同学当成自己的家人来爱吧,你一定会感到温暖和幸福。

祝:

学习进步、心情愉快。

分析:

这是一个双亲在外务工的孩子,学习成绩优异,性格却很内向。通过老师与她一对一谈话,目前孩子渐渐走出心理阴影。

孩子在平时表现中反映出心理素质脆弱,在学习、生活中遇到挫折,受一点儿压力,就会出现烦躁、沮丧、心理失衡,喜欢得到表扬,拒绝批评。在与周围同学的相处中,关系处理得不是很融洽。

针对孩子的情况分析,我们应该提醒家长注意及时发现孩子出现的心理问题,多对孩子的情绪进行引导。由于父母常年在外,孩子感受到的家庭温暖少,因此家长要多和孩子沟通,让孩子感受到爱。人的心理更需要关怀,一个心智健全的人才有可能获得进一步发展,但如果心理残缺了,又怎能有所成就呢?

同时,作为老师要帮助孩子克服缺点,通过各种教育活动让孩子参与其中,使其受到教育。例如在开展讲故事比赛中,让大家以励志的故事为榜样,在孩子面对挫折情绪沮丧时,从正面引导,帮他分析,看清事情的对错,逐步培养孩子的抗挫能力。

我期待在学校、家长的共同努力下,我们的孩子取得进步。

杨丽欢

2010 年 4 月 20 日

敬爱的杨老师和贺老师,你们好,我有一个烦恼,最近爸爸总是因为一件小事和妈妈吵架,我真不希望爸妈再吵架了。

一个着急的孩子

你好,你的来信我已经收到了,谢谢你对老师的信任,告诉我们你的心里话。针对你的烦恼,我建议你应该多和爸爸交流,多谈心,多沟通,和爸爸在一起讲讲你学习和生活中快乐的事,这样可以增进你和爸爸之间的感情,这样的话,爸爸就有可能把有些事情告诉你,你就可以知道爸爸为什么心烦而吵架了。另外,你可以在爸爸和妈妈之间做一个小调解员,当他们吵架的时候,你可以站出来说出你的想法,或者给爸爸妈妈评评理,看谁对谁错,你试试这个办法吧。

敬爱的知心姐姐:

你好。

我是五(2)班的吴鑫。自从朱老师请假,我简直成一个无法无天的孩子了,做了许许多多的坏事,跟别人打了很多次架。朱老师一走,我真是大变呀!

151

到处惹是生非，知心姐姐你能再给我一次机会吗？让我再好好改正吧！

　　此致

　　　敬礼

　　　　　　　　　　　　　　　　　4 号宿舍　吴鑫

　　　　　　　　　　　　　　　　　2009 年 6 月 4 日

亲爱的吴鑫同学：

　　你好！

　　你能坦诚地写信告诉知心姐姐所做的坏事，说明你已经认识到了自己的错误。但是据知心姐姐观察，你不能从思想上深刻地检讨自己，以至于在你们班主任不在的时候做了许多坏事。

　　知心姐姐答应你，再给你一次机会，希望你能珍惜，在今后的学习、生活中争做好人好事，弥补自己的过错，并希望你能真正理解"知错能改善莫大焉"这句话的含义。

　　加油哦！

　　　　　　　　　　　　　　　　　知心姐姐

　　　　　　　　　　　　　　　　　2009 年 6 月 5 日

　　像以上的这些孩子来信，成长中心积攒起来厚厚几大本。回信有时候是一个老师，有时候遇到棘手的问题，几个老师一起研究该给孩子什么样的回复。孩子之间的小摩擦、生活中的小疙瘩，事无巨细，知心姐姐们不但回复,还要总结分析,发现孩子的问题,帮助他们解决心里的疙瘩,同时也不断提升自己的能力。

为她们感动

能够采访到曾经工作在关爱留守儿童第一线的两位老师,是我此行的重大收获。短短的采访时间,对于不善言谈的贺静老师来说有些难度。她们上课的时间也快到了,不能耽误了给孩子们上课。好在有发达的通信工具,我们互相留了手机号,要了彼此的 QQ 号码,回去以后加为了好友。

平时是等不来她们上线的,因为白天要上班,下班以后还要照顾家人,还要做家务,还要备课。她们的生活紧张有序。我独自在她们的 QQ 空间里闲逛。现在她们都到另外一所学校里任教了,空间时间显示,她们已经很久不写内容了,即使偶尔更新了空间,也是转载的一些文章。当然,这些转载的内容大多与她们的教学内容有关,与女孩子关心的时尚有关。

可是我还是从那么多的文字里找到了她们曾经的心路历程。有的虽然文字短暂,却记录了当时真实的一瞬。这些文字,质感鲜活地为我还原了两个老师的生活场景。2008 年 10 月 23 日,已经是晚上 11 点多了,贺静老师在她的空间里写下了这样的文字:

从 7 月中旬到 10 月中旬,我整整待了三个月,这段时间里,一直着急着,着急着上班。今天是上班的第二周,上周是忙,忙得有点儿无头绪,弦时刻紧绷着,这周依然如此,好点儿的是工作方面熟悉了好

多，自然也就稍稍轻松了点儿吧，但是依然不敢放松。

感觉是很累，一天下来感觉也没个固定的休息时间，整天就感觉有做不完的事，有时想想很是郁闷，别人都能闲下来，为什么自己就不行呢？……细想一下，刚进新的单位当然得多学习才是啊，累，却充实着，锻炼着自己……

这篇文字是贺静为数不多写自己内心的一篇，虽然很短，却是她那个时候真实的心态。毕业以后没有工作，等待了漫长的三个月，终于上班了。上班的第二天，就是她和杨丽欢老师进入留守儿童成长中心的日子，真的好辛苦。但是，看出来了她的坚强和热爱。以后的文字里面，或许是内敛的性格使然，贺静老师的文字里很难再找到这样真实的描写了。

生活或许帮助她改变很多，帮助她变得成熟很多。从一个花季女孩到现在成熟稳重的老师，再到为人妻为人母的转变，岁月可以变得具体生动，而内心对留守孩子的热爱还是依旧鲜活。

相比贺静而言，她的好姐妹杨丽欢老师的空间里记录这方面的文章就多了些。2009 年，她们已经在成长中心工作了一年，六年级的孩子毕业了，杨丽欢老师那天写了篇《活在爱里》的文章，这篇文章写于2009 年 6 月 24 日下午 4 点：

六年级孩子毕业了，成长中心里一下子变安静了，这也是我作为老师后第一次感受孩子们的长大离开。临走前，我们为孩子们举行了简单的欢送晚会,那晚发生的(一切)我好像记忆犹新,也好像不是那么真实。整个晚上光线很昏暗,一直是在橘黄色的灯光里(餐厅的灯平时很明亮),我看不清楚他们一张张的脸,也来不及细细地看,时间就一晃而过了。现在回想起来,我记不清那天晚上具体的事情,只有橘黄色的灯光和屋顶上那忽忽转着的风扇。事后,我好好观察过,真的,餐厅的灯很亮,风扇的声音也不刺耳。我想,一切应该都是心情使然。

第二天早晨我在查宿舍的时候,还会习惯性地推开关闭了的宿舍门,还会不经意看一眼摆在橱窗里的全家福,在楼道里仿佛还能听得到他们的欢声笑语,操场上仿佛还能找到活跃着打篮球的身影:聪明的张康毅,懂事的程正勇、涂家磊,乖巧善良的钟焰,还有永远都会犯错、永远都在改错的李磊……

这个时候,我不自觉地就会揣想,当年在我小学毕业时,我的老师送走我们这帮孩子的时候,她会是怎样的心情? 应该有不舍和失落吧! 当时我怎么没能体会到老师的心情呢? 后来我渐渐长大了,可是每次走到大街上,我的老师总会热情地叫出我的名字,还会对我们这帮孩子上学时的故事如数家珍。那时的我还不能理解,总以为自己是属于未来,早就和过去的自己判若两人,自己有这么大的变化,竟然也会被老师认出来。

现在,生活让我有了这样的体验,我也成了一名老师,我常想起自己上学时代,想着怎样和孩子交流,怎样做一位好老师。今天,我送走了我的第一批学生,当最后一名学生向我挥手道别时,我终于明白了,

老师对学生的爱是默默的、无声的，像涓涓的细流，像温暖的阳光，学生无论长多大，无论走到哪里，永远都走不出老师的心坎，永远都沐浴在老师的爱里。正因为有了这样的一种爱，我们的人生才会如此满足、幸福。

我大段引用了两位老师的文字，其实并不是我的本意。我不是没有能力把她们和孩子之间的故事写得更加生动。但是，当我一遍一遍阅读记录她们心灵轨迹的文字时，我突然觉得所有的描写在真实面前都变得黯然失色了。她们的美丽，是不需要虚构的。她们的工作业绩出色，成功转为了正式老师。

吴校长提到的另外一位叫朱霞的老师，因为采访时间有限，我没有能够联系到她。重点写了杨丽欢和贺静老师，她们其实也代表了那些默默为留守儿童奉献的老师们。

一起打拼的姐妹因为工作原因调走了，离开了成长中心。2010 年 10 月 10 日晚 9 点多，杨丽欢又想起了好友贺静。她打开空间，写下熟悉的"老贺"两个字。心中的想念和真情像流水一样倾泻而出，于是就有了这篇感动人心的空间文章。

老贺，这会儿在干什么，你可知道我又想你了？ 天下没有不散的筵席，这个我懂，可是今天无意间又和孩子们谈到你，我又陷入对你的思念。呵呵，有点儿肉麻吧！

说真的，写到这里，觉得心里眼里哪儿都是潮潮的，你可别笑我啊！这么久的相处里我在你面前还从没有这样伤感过吧，以前总是你爱叹气，有时候还会哭鼻子，我像大姐姐一样开导你、劝慰你，我应该还算是很坚强的吧，可这会儿心里真的别有一番滋味。

老贺，你还记得吗？2008年我们一起走进这所学校，成为一名留守儿童专职辅导老师。我是第一个住进成长中心的。第一晚住在这所空荡荡的楼房里，学校四周空无一人，窗外小溪流水潺潺，这全然陌生的环境里我竟也睡得非常好，现在想想还真佩服自己！还记得在我们刚开始工作的那段时间，没什么工作经验，一个是初出茅庐，一个是半路改行，可把咱们愁坏了。天天都忙于打扫卫生，你拿个鸡毛掸子，我拿个扫帚，这儿扫扫那儿扫扫，你诉苦灰土弄脏了你的秀发，我抱怨扫帚弄花了我的俏手，你就用报纸叠了两个帽子，咱们戴在头上，我又改造了一副手套戴上，那一身装扮简直酷极了。还有很多发生在我们身上的故事：晚上我戴着个眼镜做面膜，被你笑话了；还有那次你画一只毛毛虫的时候突然站起来把笔一扔尖叫一声，你的胆小更是让我笑到肚子痛……

两年来，我们朝夕相处。在一个盆里洗脚，一个碗里吃饭；为同一件事哭，为同一件事笑；一同体会孤独，一同见证成长。那么长的日子我们是靠着互相鼓励、互相扶持一路走过来的。想想那个时候我们的心里眼里只有工作，很长一段时间我们不曾上网，不曾看电视，不曾闲逛，不曾臭美，只是将整个身心全部投入到工作中，投入到这些留守孩子们身上，努力把这里营造成他们温暖的家，我们也成为78个孩子最温暖的依靠。

　　我曾对你说，好好努力，我们一定会有更好的将来。现在我们真的做到了！记得我们无数次憧憬着未来的生活，我想有个可爱的宝宝，你希望能有一个属于自己的家庭，就是这些美好的愿望，激励着我们一步步往前走。相信我，未来的我们一定都会好好的，只要有梦想一切都会好！

　　今晚我问孩子们，想贺老师吗？他们说好想好想。他们还告诉我，前几天收拾图书室看见了你以前当管理员时候贴的那张照片，他们都争抢着，一个个把照片捧在手心里，挨个用嘴去亲吻你的脸颊。呵呵，想想你那玉照上该沾满了多少孩子们的口水啊！

　　老贺，记得上次我对你讲过，有一次我出门办事时间有点儿长，一回来孩子们把我团团围住了，最后才知道他们以为我会和你一样悄悄去另一个地方。他们怕分离，我也怕。想想啊，当你的照片在孩子们手中争抢，当孩子们嘟起的小嘴一次次亲吻着你的脸颊，想想这些，我们多么幸福，一切的付出都有了回报。我们用青春的爱浇灌出了一棵棵茁壮成长的小苗，一切都值了，你说呢？

　　最后，我要送上我最真的祝福，祝你早日成为最美的新嫁娘，快乐健康过好每一天。老贺，加油！

　　第二天的下午两点，贺老师留言给杨丽欢：

　　看到真实的文字比我想象的要感动很多哦！是啊，我们一起走过了两年艰苦而又难忘的生活，工作中我们是好搭档，有了困难一起扛，生活中我们是好姐妹,有了快乐一起分享,那些孩子更是我们永远的骄傲。过去的点点滴滴都成为我最美好的回忆!现在,虽然我们分开了,但我想这是暂时的,拉开的也只是距离,隔不开彼此心中曾经的那份默契和心中这份淡淡的想念!谢谢那些孩子,请你告诉他们,我也十分想念他们,让他们好好学习,听老师的话,我就放心了。

我不知道该用什么样的语言来表达我对她们的敬意,石泉因为有了她们这样尽职尽责充满爱心的老师,留守儿童的春天才会灿烂。是啊,石泉县之所以创造出一个"石泉模式",肯定不是单单因为这对姐妹两个人的努力,我只是采撷到了大海中的两朵浪花,把她们的故事呈现出来,没有雕琢,也不加虚构,尽量用她们的文字来展示她们的真实生活与情感。正是这一滴水的光辉,折射了整片海洋的浩瀚壮阔。

贺静老师在百忙之中还是跟我做了一次短暂的访谈。

润物细无声

以下是贺静老师的口述:

2008年10月我担任了成长中心的辅导教师。

这个大集体里共有78名托管学生,男生40名,女生38名,分布在一年级至六年级,这部分学生来自于农村流动人口家庭,很大一部分是隔代监护。中午吃饭的问题及作业辅导的问题一直是家长和学校关注的焦点。有的学生对学习满不在乎,要么拖欠作业,要么干脆不写作业,如刘文、周兵;有的上课没精打采、做小动作,如谭启鑫、陈

瑞;有的不与人交流,缺乏自信心,产生自卑情绪,不积极参加班队活动,缺乏学习的热情和朝气,比如况成涛、吴际、何春梅、戴新卓……针对以上孩子的不同情况,我采取不同的教育方法,对症下药,因材施教,正确引导孩子健康成长。

刘文同学是我班比较特别的一个孩子。他上课不回答问题,经常拖欠作业,甚至干脆不写。当老师问起时,他总是有各种理由,不是忘了做,就是放在家里了。刚开始碰到这种情况,我很生气,后来了解到他是一个留守儿童,父母都不在家,年迈的爷爷连自己都无力照顾,更何况是他呢!

针对这种情况,我知道,硬来是不行的。于是在课堂上,我有意提一些不很复杂的问题,并让他回答。当看到刘文同学满脸羞涩地站起来回答了我的问题时,我带头鼓掌,并告诉他:"你真是一个聪明的孩子,我很喜欢你。"这短短的一句话,让他的脸变得更红了。我知道,这是因为我在关注他,全班同学在关注他。当他坐下时,我看到他的嘴在不停地说着什么,但满脸却是掩饰不住的兴奋。从那以后,在课堂上,我经常看到他举起的小手,虽然稚嫩,但很坚定。在他回答问题后,我要么走到他的跟前,和他握手,要么拍拍他的肩膀,对他说:"你真棒。"

在批阅一次课堂作业时,我发现刘文的作业虽然有许多的错误,但书写比较工整,因此发作业的时候,我特地表扬了他。我说:"刚才批改作业,我发现有几个同学字写得很漂亮,你们猜猜是谁呀?"同学们喊出几个同学的名字,但没有提到刘文,我又说:"还有谁?"同学们又喊出几个同学的名字，还是没有他的名字。我用手举着他的作业，还有意拉长了语调："刘文……"同学们边看边议论刘文的字不错。刘文的脸上也洋溢着微笑，两只手挠挠头，摸摸鼻子，不知所措。第二周，刘文交了一次作业，我在他的作业本上真诚地写下："你能让我有机会批你的作业，这是你对我的奖励。你及时交了作业，说明你进步了！"第三周，刘文交了三次作业，从他的眼神里，我明白他渴望我的表扬。而不交作业时，他会躲避我，用斜眼瞄我。平时，我总是用热情的话来鼓励他。经过半个多月的观察了解，我发现刘文对学习有了信心，渴望老师的表扬。我一有空余时间就找他聊天、谈心，把他的优点和缺点都一一说了，还进行自我检讨。他说："老师你真好！我没有完成作业，你不但不批评我，还鼓励我。你还自责，这不是你的错！"

一切都在悄悄地发生变化：课堂上，他能积极回答问题了，有时还把手举得老高，争着抢着要回答呢；他能自觉完成作业了，书写也比以前更工整了。通过一个学期的努力，他的学习有了很大的进步，上学期期末考试，他的语文居然能取得85分的好成绩，居全班语文成绩第9名。

我班有个留守儿童叫谭启鑫。我刚接这个班时，他上课总是搞小动作，影响别人学习；下课追逐打闹，喜欢动手动脚，还随口骂人；作业不做，天天让我们班扣分……于是，我找他谈话，希望他能上课老老实实，知错就改，争取做一个他人喜欢、父母喜欢、老师喜欢的好孩子。也许因为我是新老师，他口头上答应了。可没过多久他又一如既往，毫无长进，真是"屡教不改"。我的心都寒了。

为了更好地转化他，我先是进行了家访，和他的妈妈谈话，以便有

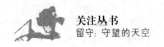

针对性地开展工作。然后，我再次找他谈话，谈话中，我了解到他心里十分怨恨自己的父母。我轻声问他："你为什么会恨爸爸妈妈？"他不好意思地回答："因为他们常常批评我，从来不表扬我，还打我。"我顺着问："家长为什么会批评你，你知道吗？"他说："因为我不听他们的话，没有按时完成作业，还糟蹋东西……"

"看来你已经认识到了自己的错误，说明你是一个好孩子，但是，这还不够，你想改正错误吗？想做一个受人欢迎的孩子吗？你觉得怎样做才好呢？"

随后的几个星期里，他无论是在纪律上，还是在学习上，都有了明显的进步。当他有一点儿进步时，我就及时给予表扬，激励他。我还联系他的家长，让家长也随时表扬他。他也逐渐明白了做人的道理，明确了学习的目的，端正了学习态度。

为了更好地感染他、转化他，我特意安排一个责任心强、学习成绩好、乐于助人、耐心细致的女同学谭莹莹跟他坐，目的是发挥同桌的力量。功夫不负有心人，经过半年的努力，他改变了许多。

从他的身上，我再一次看到了希望。

俗话说："数子十过，不如奖子一长。"有缺点，挨批评，时间长了，学生学习的信心就不足了，何谈进步？所以，我认为关键的问题是要帮助他们树立自信心，因为自信是成功的基础，人有自信才会去行动，才会积极地要求上进，才能朝着教师期待的目标前进。我们班的戴新卓同学，是一个聪明但缺乏信心的同学，她总想学好但坐不下来。是哪节课改变了她？我那节课上表扬了她三次，她不好意思地笑着说："老师,你别说了,我都不好意思了。"在以后的学习中,她很用心,上课回答问题时手举得很高。在第二单元测验中她考了80分。她高兴地对我说:"老师,第一次呀。"我们两个都笑了。是鼓励让她有了信心,是信心让她有了进步。

教育家陶行知说过:"你的教鞭下有瓦特,你的冷眼里有牛顿,你的讥笑中有爱迪生。"这就告诉我们,作为教师,一定要摒弃传统的偏见,努力帮助留守儿童发现其自身的"闪光点",用期待的心情去等待学生的每一点进步。

作为一个教师,我们应该尊重、关爱每一个学生,特别是留守儿童。动之以情晓之以理,用爱去温暖他们,用情去感化他们,用理去说服他们,从而促使他们主动地认识并改正错误,并激励他们努力学习,从而成为品学兼优的好学生。

留守儿童成长中心的生活管理老师陈竹跟我讲起了这样一件事情。她是儿童成长中心新来半年的管理老师,同时也是新任的知心姐姐。前不久,陈竹老师辅导孩子们写作业,就把自己新买的手机插在电源插座上充电。因为那天是周五,她要不断地送回家的孩子,等她忙完进房间的时候,发现手机和充电器都不见了。

她心里当时特别着急。这个手机是新买的,多了很多功能,比如照相什么的。照片存在手机里随时可以拿出来看看女儿。对于家庭不是很富裕的她来讲,这部手机的价钱也不低。手机突然没了,陈竹老师非常着急。她打听谁是最后离开房间的人。

很快两个名字摆在了面前，其中一个孩子具有重大的嫌疑。这个孩子是最近才到留守儿童成长中心的，以前的很多生活陋习还没有完全改掉。手机不可能无缘无故地失踪，可是自己也不能大张旗鼓地报告给学校，事态闹大，对孩子的影响是不好的。

好在陈竹老师知道那个孩子的家庭住址。她骑上自行车，以家访的名义去看那个孩子。到了孩子的家里，陈竹提出要跟孩子单独相处。辅导完孩子的作业，她尝试着跟孩子进行沟通。陈竹老师拉着孩子的手，看着孩子的眼睛，讲道理，说自己的孩子也不能在身边，跟你一样是离开妈妈的孩子，有时候想孩子，就拍摄了很多照片，保存在手机里。孩子想自己的时候，也给自己打电话。

那个孩子红着脸说，老师，我错了，你能够原谅我吗？陈竹说，每个孩子都会犯错，知错能改就是好孩子。

那个孩子从沙发底下把手机和充电器拿了出来，陈竹没有跟孩子的家长说这件事，也没有跟学校说，而是跟孩子一起看手机里的照片，一起度过了一个愉快的傍晚。

做留守儿童的管理工作，就是这样繁琐，会有一些棘手的事情，这需要老师有一颗耐心和爱心。

石泉县的做法

在采访的过程中，石泉县留守儿童管理中心的主任夏玉琴为我介绍了石泉县在留守儿童管护工作方面做的一些实事。

石泉县委县政府从关注民生、关心未来、构建和谐社会的高度将关爱留守儿童纳入了全县经济社会发展总体规划和党委政府工作重要议事日程进行总体安排和部署,成立以书记、县长为组长,教育、民政、财政、妇联等 23 个相关部门为成员的留守儿童工作领导小组,下设留守儿童管理中心,负责具体事项的组织协调,并制定相关激励政策,动员社会各界力量参与这项工作。经过几年探索,基本建立健全了"党政统筹、部门联动、教育为主、家庭尽责、社会参与、儿童为本"六位一体的留守儿童教育管护长效机制。

所谓的"六位一体",一是党政统筹,制定了留守儿童教育管护工作三年规划和分年度工作计划,出台了一系列的政策,建立了经费保障机制和督查考核考评体系,确保政令畅通和各项决策落实到位。二是部门联动,全县各级积极响应,广泛开展履行工作职责、服务留守儿童活动,制定留守儿童教育管护工作考评办法,并对部门履职情况进行考核评比。三是教育为主,留守儿童教育管护工作是义务教育阶段

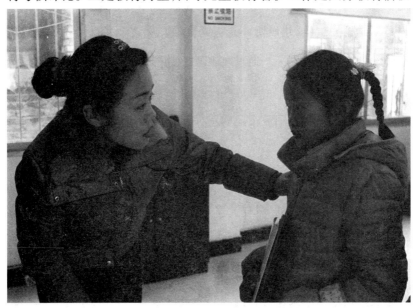

工作的拓展和延伸,教育行政部门和学校充分发挥主渠道作用,不断提高留守儿童的教育管理水平。四是家庭尽责,以各小学家长学校为载体,充分利用务工人员返乡的时候,积极组织家长参加培训学习,不断增强留守儿童家长和临时监护人的法定责任意识,着力构建以政法部门为主体的法律监督网络,大力组织开展维权活动。五是社会参与,通过推行代理家长制度,开展志愿服务活动等方式,广泛动员社会各方面力量参与到关爱留守儿童教育管护工作中来。六是儿童为本,始终牢固树立儿童为本理念,坚持以留守儿童为工作主体,尊重留守儿童成长规律,不断增强教育管护工作的人文情怀意识,避免留守儿童标签化、问题化、弱势化,积极引导留守儿童自立、自强,竭力促进广大留守儿童健康全面发展。

在留守儿童工作中,他们建设三大中心,构筑关爱平台。

以学校为主体,建设留守儿童成长中心。这个我已经在城关镇中心小学的采访中看到了。通过政策激励、部门帮建、社会参与、市场运作相结合的方式,建设留守儿童托管中心,解决以学龄前留守儿童为主体的生活抚育和不同需求层次留守儿童的教育管理问题。

2013 年 10 月 11 日下午

采访对象:北街社区留守儿童中心

北街社区是石泉县最大的社区,我们去的时候是下午。这个时候,留守儿童中心没有孩子。小院很安静,我们走进去打听情况。几个老人热情地站起来迎接我们。北街社区现有住户 7000 多户,22000

166

多人，389个留守孩子。平时参加活动的孩子没有统计的多，孩子们每周六和周日的上午、下午都来这里参加活动。

看不到留守孩子，就缺乏更多的说服力，我不甘心，就坐在留守儿童中心的房子里跟他们聊天。李巧珍阿姨是这个儿童中心的骨干力量，她的小孙子也在留守儿童中心，退休以后，李阿姨发挥余热，就到儿童中心工作。

问起他们的报酬，几个老人都笑了。他们告诉我，在这里工作的只有主任和书记是国家工作人员，拿工资的，其他的老师都是义务的志愿者。望着桌子上孩子们做成的小手工艺品，我询问都是谁来教的。李阿姨告诉我，都是他们自己琢磨着做出来的。有的不会就从书上先学，学会了以后再教给孩子们。不仅手工课是这样，其他的活动也是这样。李阿姨上网下载歌曲歌词，自己学会了快板，教孩子们开展文艺活动。

说起留守儿童中心的建立，他们一直在说感谢陈书记，都一致夸赞她。恰巧那天陈书记出差不在家。说能够来这里义务做些关爱留守儿童的工作，都是因为陈书记办事工作样样都服人。

李阿姨给我讲了一个叫温馨的小女孩，现在她已经上初一了。在她上小学的时候，爸爸得白血病去世了，妈妈没几年也改嫁走了，剩下了温馨和奶奶相依为命。社区知道这件事情以后，去温馨家看望。后来通过调查走访得知，在这个社区里面，还有更多的留守儿童需要呵护照顾。陈书记就和袁道玲主任一起开会研究，组织一些离退休的老同志，一起把留守儿童中心建立了起来。

社区里像小温馨一样的孩子,都得到了留守儿童中心的关照。陈书记还自己牵头,认领留守儿童做自己的孩子。社区里有个孩子成了孤儿,就是陈书记收留的。因为有纠纷,孩子的户口一直解决不了。没有户口,上学、参加工作都成了问题。陈书记知道以后,就多方想办法,把孩子的户口落到了自己家的户口本上。现在这个孩子已经参军了,每次打电话回来,都亲切地叫陈书记为陈妈妈。见不到传说中的陈书记,不能不说是一个遗憾。老人们的议论也大体上给我勾勒出了一个陈书记的形象来。

留守儿童中心对面就是老人活动室,宽敞的活动室,整洁的活动空间,是老人们颐养天年的好地方。中午,老人们玩累了可以在这里休息,有专门的休息室。饿了可以在这里吃饭,食堂一顿饭4块钱,三菜一汤,两荤一素。

2013 年 10 月 12 日上午

采访对象:池河镇小学

池河,发源于鬼谷子故里,云雾山中,经九曲十八弯,在"老街"折向西穿镇而过,在莲花石古渡汇入汉江。池河镇,素有小江南、小盆地、小上海之称。这里历史悠久,积累繁华。池河镇小学,始建于清朝道光元年(公元 1821 年),原名"前池河文昌宫义学",历尽沧桑,数度改建,几经更名,至今已有 200 多年历史。现在,它已经建成为一座现代化程度很高的市级重点农村示范小学。

学校服务范围为 12 个村和 1 个居委会,人口达两万人。学校现有 19 个教学班,在校学生 798 人,其中 355 人为留守儿童。近年来,学校先后投资 300 余万元建起了留守儿童成长中心——雏鹰成长中心实验综合楼,投入 50 多万元装备了仪器室、实验室、多媒体教室、留守儿童娱乐室等。

雏鹰成长中心创建于 2007 年 9 月,由原池河镇政府办公大楼改造而成。雏鹰成长中心占地 1300 平方米,建筑面积 700 平方米,内设留守儿童宿舍 14 间,配备有亲情接待室、心理咨询室、卫生保健室、开水房、学生浴室。每间宿舍设有电话,便于孩子和他们的父母亲人联系交流。成长中心配备热爱学生、责任心强、管理经验丰富的生活指导教师 3 名。

雏鹰成长中心管理逐步趋向规范化、人性化、科学化、制度化,这里的档案齐全完整,建设布局合理,设施装备先进,是整个石泉县比较规范的留守儿童管护中心。

中心从在职教师中遴选,组建了一支年富力强、富有爱心的生活管理和专业辅导教师队伍,做好留守儿童在校期间的课外活动、生活服务和教育管理等工作。这一点在开始的采访和接下来的采访中,我们都深有感触。

中午的饭是在池河镇小学食堂吃的,跟孩子们和老师们吃的是一样的。那是我吃过的最好的一顿午餐,是带有浓郁石泉地方特色的美食。留守儿童管护中心的主任杨发明很是热情,他给我们介绍情况,说起管护中心来,他有讲不完的故事。

小雪又被噩梦惊醒。擦去鼻尖渗出的汗珠,她抱着被子轻轻地啜

泣。又是车祸的场景，这个梦困扰她太久太久，爸爸妈妈就是被这场车祸双双夺走了生命。那时候她还小，听奶奶说，当时是妈妈把她紧紧地护在身下，她才免遭那场劫难。可是那场夺去她挚爱双亲的灾难从此也成了梦魇，时不时地来折磨这个幼小脆弱的心灵。

她没有惊动任何人，光着脚悄悄地溜下了床，蹬着靠窗的椅子跳上窗台。她坐在窗台边往窗外眺望，月儿掩映在柳丝下，皎洁明亮，她还记得当初来管护中心的样子。

爸爸妈妈去世以后，她就跟着爷爷一起生活，她是爷爷奶奶的心肝宝贝，两位老人把她捧在手心里。冬天，怕她冻着，奶奶每天晚上都把她的一双小脚贴在自己的胸口上捂着、暖着；夏天，怕她热了，爷爷都会摇着蒲扇轻轻为她扇来一阵清凉，看着她进入甜甜的梦乡。就这样，她是在爷爷奶奶的呵护溺爱中成长的。爷爷舍不得让她每天走这坑坑洼洼的山路，于是每天背着她上学。

到了四年级，家附近的学校因为学苗不足，没有设五年级，爷爷奶奶只好把她送到管护中心。那一天也是这样的月光，爷爷奶奶走了，扔下她一个人，尽管老师同学对她照顾有加，可是她却无法适应这里的生活。她以为爷爷奶奶不要她了，每天都哭闹着要回家，老师们便轮流值班看护照顾她，给她讲故事，陪她做游戏，直到她哭累了，玩累了，睡着了为止。可是夜里她还是经常被噩梦惊醒，老师便把她紧紧搂在怀里，拍着哄着，守着她入眠。为了安抚她的情绪，每周老师们都安排她跟爷爷奶奶通电话，还安排爷爷奶奶来学校探望。渐渐地，小家伙习惯了这里的生活，她不再哭闹，即使夜里又梦到爸爸妈妈，她都会调整好自己,再安静地入睡。

班里还有一个叫娇仪的 12 岁女孩,家在很远的大山里,在班里学习成绩很差,上课不注意听讲,常常对着窗外发呆。考试的时候打小抄,作业也不按时交。班主任老师严厉批评了她,可娇仪却一言不发,摆出一副满不在乎的神情,气得老师要求她在全班同学面前做深刻的检讨。娇仪不但不接受批评,还当场把课本撕得粉碎。

中心的心理辅导老师接受了对她的辅导任务后,利用业余时间找娇仪谈心,跟她聊天,帮她整理床铺,在同寝室的同学中了解娇仪的生活动态。从同学们的口中得知娇仪每次给家里打电话以后都特别不开心,自己一个人闷闷地躲在角落偷着哭。甚至一个同学看到她用小刀在划自己的手臂,还有同学说她经常晚上不睡觉,熄灯以后偷偷地溜到阳台,顺着楼栏杆往一楼滑。

娇仪的行为引起了中心老师和领导的注意,孩子被特别编进特殊辅导班,辅导老师对她下了很大工夫,到她家进行家访。在家访中了解到,娇仪的母亲一个人带着年幼的妹妹生活,爸爸出去打工了,妈妈要承担家里繁重的体力劳动,还要哺育幼小的妹妹。娇仪的妈妈压力很大,加上被生活所累,脾气特别急躁,每次娇仪打电话回家,妈妈总是不耐烦,或者对娇仪一顿数落谩骂。在娇仪的心里,家对于她来说没有一丝温暖,她觉得自己是个多余的人。

辅导老师首先跟娇仪的妈妈做了一次长谈,让她配合学校对孩子进行心理疏导。经过一段时间的努力,娇仪变了,在她脸上见到了久违的笑意。周末,妈妈带着妹妹大老远坐车从山里来到学校,接娇仪

回家，还给她买了一套粉红色的连衣裙。看着娇仪拉着妹妹的手兴高采烈离去的背影，老师们感觉很欣慰。

童年，应该是人生中最美的一张扉页，在这美丽的扉页上画着天真与烂漫、快乐与幸福。那些纯真无瑕的童真时光，永远是最值得回味和怀念的幸福经历。

而毛毛的童年却充满了忧伤。她像一个被上帝遗弃的小天使，从降生到人间的那一天起，她就不知道自己的亲生父母是谁。她患有严重的先天性心脏病，8岁起便被严格地限制了剧烈运动，她知道自己活不过12岁。毛毛是不幸的，命运残忍地将痛苦与死亡过早地安排在她的身上，让她饱受疾病的煎熬。毛毛又是幸运的，她拥有一对疼爱她的养父母，还有爱她的亲人，她享受着他们的呵护与疼惜。爸爸妈妈为了毛毛放弃了自己的生育权，全心全意地抚养她长大。可生活又是残酷的，爸爸妈妈为了生存不得不外出打工，只能把她托付给年迈的外婆。毛毛到了上学的年龄，外婆连照顾自己的能力都没有，怎么可能有精力照顾身患重病的她？无奈，只能把毛毛寄宿在留守儿童管护中心。

在留守儿童管护中心，毛毛得到了最好的照顾。无论学习、生活，还是身体，毛毛都得到家一般的温暖。几年前，毛毛进行了心脏搭桥手术，手术非常成功，她恢复了健康。面色红润了，嘴唇不再青紫，毛毛获得了新的生命。

10月，秋寒还未袭来，院子里的树还很茂密，洁净的长椅下，半绿半黄的藤蔓，一缕一缕地垂下来。下课了，我在一群叽叽喳喳的孩子们中间找到了最安静的一个，我确认她就是毛毛。这是一个惹人怜爱的小姑娘,稚气的脸上透着安静的气质,也许是跟她患病有关系吧,她一举手一投足都很小心翼翼。看着这个可爱的孩子,我不忍心过多发问。我只是问毛毛长大以后的理想,毛毛很认真地对我说:"叔叔,我长大了要做一名医生。我有病很痛苦,只有医生才能不让我痛苦。我也要赶走更多人的痛苦。"

我深深地被毛毛的话感动,多好的孩子,从她幼小的生命里我感受到了一种强大的力量。过去毛毛不敢跑步,经常气喘吁吁,现在她恢复了健康,能参加正常的文体活动,她做的第一件事情就是学会了感恩。

这不是一个感人的故事,只是发生在成长中心里真实的事例。

女孩的家在大山深处,是山哺育了女孩,女孩对山的依恋就像对母亲的依恋。

女孩的父母离开了大山外出打工,在女孩的眼中,山才是父亲,才是母亲,才是养育她成长的亲人。

春天,踩着弯弯的小路上山,女孩就可以闻到野花和油菜花的香味。小路的两边,长满了绿油油的青草,还有许多不知名的野花。而山坡上,满坡的梨花都开了,远远望去,像一片洁白的雪。还有漫山的桑树,每到这时候就可以跟着爷爷奶奶去山上采桑葚,嚼了一嘴的紫,染了一手的红,女孩快乐地笑着、跑着,任山野的风吹着她凌乱的头发、飞舞的裙裾。

山里的孩子是自由随性的,跟大山一样,无拘无束。

女孩最近忧郁了,爷爷说,要让女孩去镇上上学,而且学校是寄宿

制的。也就是说女孩要离开爷爷奶奶,离开大山。女孩想不通,邻村也有学校,而且女孩已经在那里念了一年,为啥爷爷奶奶还是要让她走? 没有山,女孩是不快乐的,没有爷爷奶奶的身影,女孩不知道该怎么办。

小孩子毕竟是小孩子,怎么也无法拗过大人的想法,女孩还是被接走了。第一天晚上,女孩躲在被窝里哭了一夜,她想爷爷奶奶,想深山里的家,想山上的树木,想路边的野花,甚至想房顶上那一缕淡淡的炊烟,还有村头的那座小桥。

时间一天一天地过去了,女孩还是停止不了对家的思念。她无法投入地读书,每到上课,她的思绪就飞回了大山。女孩瘦了,吃不下饭,睡不好觉。她抑制不住对亲人的思念,就连睡梦里都是含着泪。

终于有一天,放学后,女孩回宿舍放下书包,趁门卫不注意,悄悄地溜出了学校。晚饭,老师点名时发现女孩失踪,寻遍了学校的每一个角落,又打电话给女孩的家,依然没有消息。老师们跑出学校四处找寻。寻遍几十里的山路,终于在半夜发现了冻得瑟瑟发抖的女孩。

女孩找到了,老师们笑了,而经历那样一次出走之后,女孩变得温顺了,她开始慢慢接受学校,接受老师,接受同学。她在这里找到了久违的快乐。假期,她带着老师一起回到了大山,看到笑得甜甜的孙女的可爱小脸,爷爷奶奶也放心地笑了,大山也笑了。

在石泉,他们建立代理家长队伍。组织全县 2447 名党政干部、教师及社会人士与留守儿童结对子,担当代理家长,弥补留守儿童在情感交流、生活抚育等方面的缺失。

在石泉,他们建立志愿者队伍。在机关、企事业单位和离退休干部中招募了230名志愿者,从大学毕业生中招募了30名专职心理辅导员,为留守儿童提供卫生保健、心理咨询等方面的志愿服务。

在石泉,他们建立教育管护专家队伍。与陕西师范大学合作,建立专家与一线工作者相结合的专业研究队伍,提升留守儿童教育管理的科学化、规范化水平。

我看到了快乐的孩子们,我看到了他们的石泉模式已经初具规模。他们打造留守儿童成长的"温馨家园",规范留守儿童成长中心的日常管理,制定了《留守儿童教育成长中心管理办法》等相关制度,为每个成长中心培训了专职的生活辅导老师。

县财政一次性投入30万元为26所寄宿学校配备了蒸车、保鲜柜、保温桶等后勤设施,每年投入30万元为学校聘请炊事员,让学生享受到营养均衡的放心午餐。设立留守儿童校外教育活动站。发挥石泉青少年校外活动中心的示范作用,在全县设立17个基层活动站,常年为留守儿童开展各类丰富多彩的活动,使活动站成为留守儿童校外生活的好去处。

在石泉,他们狠抓关爱救助政策落实。制定出台了《石泉县留守儿童贫困救助暂行办法》,从2008年起将全县793名困难家庭留守儿童全部纳入低保范围。在中小学建立卫生保健室,开辟留守儿童卫生保健和医疗救助绿色通道。积极开展系列主题活动。在全县开展"十佳自强儿童"评选表彰及主题征文活动,正式出版了征文获奖作品集。利用寒暑假组织开展"留守儿童夏令营""留守儿童游世园"等活动,

让孩子们度过一个安全、快乐而有意义的假期。重视心理健康教育，通过开设心理健康课程，开通心理健康热线、知心姐姐信箱等方式开展心理咨询活动。印发《留守儿童成长自助手册》《留守儿童成长援助手册》等健康教育读本，普及心理健康常识。加大舆论宣传力度，创办石泉县关爱留守儿童网站，组织培养了一支宣传通讯员队伍，为总结交流经验和关心留守儿童成长营造了良好的舆论环境。

在石泉，还有那样多为留守儿童工作尽职尽责的人们。他们有的是机关干部，有的是学校老师，有的是志愿者，有的是社会爱心人士。安康市兴安集团第三分公司总经理孙峰就是其中的一位。在离开石泉的头一天下午，我见到了孙峰先生。

在石泉，我被孙峰先生的善举深深感动。

与"留守儿童"结缘，是 2006 年的事了。当时，我们在石泉城东开发"滨江新城"项目，本着"配套先行，景观先行"的建设理念，在小区建设过程中最先修建小区中心的文化广场。当这个斥资 160 多万元、占地 2000 平方米的广场建成时，在石泉引起了强烈的反响。它不仅美化了城市环境，而且为附近的居民提供了一个散步、休闲、健身的场所。但当广场中心的音乐喷泉在五彩的霓虹中欢快地喷发了十几天后，就再也喷不起来了。因为，音乐喷泉中的防水灯一夜之间被偷了个精光。没有了灯光的喷泉，就像没有了双眸的美女一样，缺了灵气，少了俏丽。

城关派出所经过全力侦破，很无奈地告知我们一个结果：这些防水灯是被几个未满 16 岁的小孩盗走的！他们的父母常年在外打工，都是靠亲戚或家里的老人抚养，有的已经辍学，都是亲情缺失的留守儿童。他们不懂防水灯的材质，看着上面有一圈装饰性的铜圈，就以为这灯是纯铜制造的，所以把灯全部拆除后，砸烂灯头把外壳拿去卖给废品回收站，但被告知那只是其他材质上镀了一层铜粉，不值钱，孩子们勉强换了 160 元走了。

听到这个结果，我心里非常难受。一方面是我们的设施遭到破坏，新建的喷泉无法使用，会在社会上造成一些不好的影响；另一方面是为这些孩子的无知和法制观念的淡薄而伤心。在以后的建设中，电缆、电线、铝合金窗户等都发生过不同程度的丢失，在破案后得到的结果一律是盗窃者是"无人管教，缺乏亲情"的孩子，我真的心痛了！我怎么才能帮助这些年幼无知的孩子？怎么才能让他们挺起胸膛，堂堂正正地做一个对社会有用的人？

一个偶然的机会，我得知石泉早已有这样一个充满爱心的机构——留守儿童管理中心，他们为全县两万多名留守儿童寻找"爱心家长"，建设"关爱空间"……他们为这些亲情缺失的孩子寻找社会这个大家庭的温暖，他们教育这些孩子自立自强。终于，在 2010 年 11 月，经安康广播电视报社社长李焕龙先生精心策划，我们与安康市慈善协会、石泉县教育体育局达成协议，由我公司每年出资 20 万元，连续 5 年共出资 100 万元，资助这些留守的孩子，而"争做自强儿童有奖征文"活动就是其中的一个环节。

当年，鲁迅先生为唤醒国人麻木的思想而决然弃医从文。今天，

我坚信文字的表达和书写，更能唤起这些孩子求知、求学、求上进的欲望。这些孩子，需要有更多的人走近他们，了解他们，而征文活动只是我们试图了解他们内心的一个途径。

自立、自强、自尊、自爱，幸福而又有尊严地活着，就是我对所有孩子的期望，心怀感恩，阔步向前，这才是改变命运、实现理想的最佳途径！

"灯亮一盏，光明一片"，愿爱心之光长明，照亮所有需要帮助的人，特别是我们的孩子！

在石泉县采访的过程中，我处处感受到他们对留守群体管理工作的重视。在第五届"中国地方政府创新奖"选拔暨颁奖大会上，经过现场陈述、答辩和选拔委员会投票，陕西省石泉县建立的代理家长制、解决留守儿童问题的"石泉模式"等10个项目最终赢得了"中国地方政府创新奖"的优胜奖。

目前，石泉县出台了《进一步深化全县"六位一体"的留守儿童教育管护工作机制的通知》《石泉农村留守老人和留守妇女管护服务办法（试行）》《石泉农村留守老人和留守妇女管护服务工作年度目标考核办法》等，对留守关爱工作服务、管理、考核、奖惩等内容都做出明确规定。同时，留守关爱工作的经费也已纳入财政预算，留守老人、妇女管护服务经费按每村每年2000元予以财政预算。下一步，石泉县计划在各村建设村级便民服务站和农村幸福互助院，进一步丰富服务管护方式。

第五章 / 石泉的孩子

对于一个留守儿童而言,"留守"这样的身份是一种不幸。可是,作为一个生在石泉县的留守孩子来说,这是一件幸福的事情。在"石泉模式"生活下的留守群体,他们是叫人羡慕的一群。石泉的孩子,你们是快乐的;石泉的孩子,你们是叫人羡慕的。

离开石泉以后,我一直在阅读他们编印出版的各种关于留守儿童的书籍。一个个真实的故事,深深打动着我。石泉模式最大的特点其实不是把工作写到了纸上,而是切切实实地落到了工作中,做成了真事、实事、好事。假如各地都能够像石泉县一样开展工作,那对留守群体来说无疑是一个福音。

第六章　寂寞女人花

天亮得越来越早

芳菊起得也越来越早

去地里摘菜，去十里外的集市上卖

喜人的蔬菜比

三十五岁就有了两个娃的芳菊更新鲜

一次两箩筐，这是

女儿的新雨鞋，儿子的作业本

再背两箩筐，就是婆婆的胃药、止咳药

丈夫年后出门，还没有寄回钱来

那个叫深圳的远方,据说还有另一个女人

夜是不是还能静下来

天是不是还会亮起来

一个留守女人的一切

就是家、孩子和责任

我有花一朵,种在我心中,含苞待放意幽幽,朝朝与暮暮,我切切地等候,有心的人来入梦……

每当这首《女人花》的旋律响起,每当面对屏幕中梅艳芳那张略带风尘与忧伤的脸,面对她那迷茫而永远充满期待的眼神,我就抑制不住心底的波澜。这充满哀伤而缠绵的低语,就像一根细细的针,刺向心头最柔软的深处,揉碎了盛开在心上的那朵柔嫩情花,让人不禁潸然。那种寂寞与苍凉,那种无人怜爱的痛楚便由心底泛起,直漫眼眸。

女人如花,女人似梦。当花一样的青春转瞬消逝的时候,谁还执着地站在你的身边,让你依靠,给你平和,给你一个抛却浮华的真实?看似坚强的背后,其实是无比的脆弱与凄凉。女人如花,比花多了岁月的沉积;女人如花,比花多了尘世的沧桑。而情怀依旧如花绚烂,如花清美。

镜头一　乔英的任性

我们去的这个村叫下湾村,是远近闻名的富裕村。进入村子,会看到这里家家户户的房子都很漂亮气派。村子里大多数男人都在外面打工,赚钱很多。每年的正月还没有过完,村子里的男人就倾巢而出,直到年底小年以后才大包小包地回来。也有几年回来一次的,只要回来就个个红光满面,不管赚多少钱,大家都要一个面子。有的回村翻盖房子,添置家具和电器,有的干脆直接开了轿车回来。

村里绝大多数女人都在家里,守着老人孩子,守着土地。这样的采访其实并不顺利,哪个女人愿意说出自己独自寂寞的苦呢?因为我是这个村的人,因为有我的亲人和朋友在这里,采访就容易多了。很久不回家乡的缘故,一切都变得有些陌生。于是在村里住上一段时间,熟悉那些年轻的面孔。很多嫁进村庄的媳妇我都不认识,但是从村中论着,叫我什么的都有。

乔英的丈夫结婚刚一个月就去了外面打工,那年,乔英才20岁。丈夫每个月都按时往家里寄钱。乔英每个月能拿到大笔的收入,可是这些钱无法排解她的寂寞。三年就在寂寞中悄悄过去了,乔英也渐渐地习惯了这样的留守生活。

乔英24岁那年,认识了村里的一个男人。这个叫张勇的年轻人相貌英俊,是刚退伍的军人,从家族论着,张勇还得叫乔英嫂子。他见多识广,而且很喜欢跟年轻的小媳妇们搭讪,甜甜地叫,听得乔英心里美滋滋的。

有一天,乔英身子有些不舒服,正赶上张勇来家里借铁锹。张勇站在大门外喊了半天,屋里也没人答应,他就试探着轻轻推开乔英家的房门走了进去。看见乔英躺在炕上,他进也不是退也不是。乔英听

见门口有响动，把身子从被窝里探出来，问了句："谁呀？"

"嫂子，是我，张勇。嫂子病了？"张勇站在门口回答。

"哦，张勇啊，进来吧，好像有点儿感冒了，不爱动弹。"乔英坐直身体答道。

张勇这时候才抬起跨过门槛的腿，往屋里迈了一步，然后对乔英说："我来借把铁锹。"

乔英用手指着铁锹放的方向对张勇说："在那里呢，你自己去拿吧。"

"好的，嫂子你吃饭了吗？"张勇又接着问乔英。

"没呢，还没做呢，不爱起来。"乔英懒懒地说。

"那吃药没啊？先吃点儿饭，再吃点儿感冒药，睡一觉就好了。"张勇关切地询问着。

这时乔英已经把身子转向门口，叠着被子。她左手理了理蓬乱的头发，斜着身子，很吃力地把被子移向了炕的下方，然后回头对张勇微微一笑，说道："没大碍的，不瞒你说，家里连感冒药都没有。"这笑里隐隐地藏着一丝苦涩、一丝自怜。

乔英的苦笑让张勇的心泛起一阵波澜，他忙对乔英说："嫂子，你等着，我给你买药去。"说完就推门出去了。

张勇再回来的时候，手里捧着一个大碗，碗里热气腾腾还飘过来扑鼻的肉香味。"嫂子，来，我煮了一碗肉丝面，你先趁热吃了，还有这些药，饭后再吃。"

乔英看着张勇认真关切的样子，鼻子一酸，泪便从眼眶涌了出来。

自丈夫走后,家里就没有过男人的气息,自己也没有享受过被照顾的滋味,这突如其来的意外关心,让乔英感动了。

乔英生病的这段日子,张勇每天都来照顾她,不仅一日三餐做好端到床前,还帮乔英把前后院子都收拾得干净利落。

张勇的关心与照顾让乔英寂寞的心有了些许温暖与安慰。为答谢张勇的照顾,乔英这一天特意去镇上买回不少肉和蔬菜,还买了两瓶酒。她高兴地端上亲自下厨准备的酒菜,喊张勇过来,两个人在屋里畅饮起来。酒正酣时,说到伤心处,乔英的眼泪又止不住涌出。张勇自然是一番劝慰:"嫂子,我知道大哥常年在外,你一个人过日子不容易,以后遇到难心事,喊弟一声,弟来帮你。"

乔英趁着酒劲扑到张勇怀里放声大哭。张勇一下子就蒙了,不知道怎么办,红着脸劝乔英:"嫂子,你喝多了,咱们这样,叫人看到了不好。"可是,乔英的酒劲上来,胆子就大了,她说:"叫他们说去吧,这守活寡的日子不是人过的。"

孤男寡女哪里禁得住这样的肌肤相触,况且又都喝了这么多酒。那天夜里,张勇留了下来,三年了,乔英终于结束了守活寡的日子,真真正正做了回女人。这一晚,张勇也被乔英的表现吓坏了。稚气未脱的张勇,没有想到这突如其来的好事。

可是好景不长,他们引起了村子里人的戳戳点点。乔英的公公和婆婆还经常来提奸。这给张勇造成了不小的压力,家里就他一个儿子,出了这样的事情的,可怎么收场? 张勇也动过娶乔英的念头,可是那只能是一个念头。家族是不能容忍出现这样的事情的,父母更是极

力反对。张勇想撤出，可是又怕乔英想不开动轻生的想法。

这一年的中秋节，张勇避开家人，半夜钻到了乔英的屋子里。两个人缠绵了半晚上，也算正式做了了断。乔英在唾沫星子里也逐渐成长起来。她能够理解小叔子张勇的为难，毕竟自己年龄也大张勇很多，不想拖累他。

不久张勇也出去打工了，过年的时候回来，带着自己的未婚妻。乔英还去喝了喜酒，表面上好像什么都没有发生一样。乔英的大方举止，使很多乡亲摸不着头脑。乔英和张勇好的场面毕竟没有第三个人看到，有的只是传言和猜测。这似乎把乡亲的传言攻破，但是乔英自己的内心翻江倒海一样难受。回到自己家里，她放声大哭。

转年乔英的丈夫回来了，他是听到村里人的议论回来的。他赚了一些钱，这次回来想不走了。他也摸不清乔英出轨的事情到底是真是假，就不断地折磨乔英，叫她说出真相。乔英咬牙不承认，丈夫步步紧逼，她走了极端，喝了一碗卤水，差点儿把命搭上。丈夫吓坏了，彻底相信了乔英。出院以后，丈夫对乔英很好，这件事情从此再不提及。结局还算圆满，乔英也算因祸得福。不但洗刷了名声，也赢得了丈夫的信任。

现在他们两口子在镇上开了家小饭馆，夫妻不再分居两地了。来饭馆吃饭的客人不少，生意还算兴隆。乔英有时候还能够遇到张勇，张勇的妻子给他生了双胞胎，日子过得很幸福。乔英也有喜了，大着肚子忙进忙出。两个人见面都挺尴尬，乔英叹息一声，就像他们那晚上约定的那样，就当什么也没有发生过。

可是,很多时候乔英还会想起自己留守的日子,想起自己的冲动和大胆,想起跟张勇偷情的往事。想着想着,她会轻轻拍一下肚子里的孩子,骂一句:"要不是你爸爸狠心叫我留守,我哪能那样任性!"

这样说着,乔英的眼睛湿润了。

镜头二 她的挣扎

"当残酷的生活打碎了梦幻,当爱情被深深埋藏在雪里,我等待着,等待着明年春天能够开出殷红的花朵。可是年复一年,这颗深埋的种子却日益膨胀,在不安与绝望中,我在渐渐酝酿着欲念与邪恶,被寂寞与孤单包围,迷乱无助。"她轻轻地合上日记本,妩媚的脸上挂满了泪水。

这是她结婚后的第四个年头,她已经在孤独中守望了四年。

小小的村子里,不断有人外出打工,也不断有人回来,唯独没有他的身影。记得当年他走时,她送他到村口的小桥下,他抱着她使劲地亲了一口,她羞怯地躲着,当时没有太多的不舍,只是知道他要走了,她知道他是要去赚更多的钱,要让她跟婆婆过上好日子。她仿佛看到自己变成电视里的那些城里人的样子。照顾好自己,照顾好咱儿子,照顾好娘。她就这样守着他的这句话,一守就是四年。他就这样走了,一件行李,一张车票,走到了天涯海角。

他走后,她担起了家里全部的活,娘老了,她不仅挑水磨面、种田插秧,还要挺着怀有身孕的肚子跟人家学着挑粪挑柴。儿子出生,当爹的都没看过一眼。他在家时,她什么都不用干,哪怕是收麦子的5月、收苞米的10月。而今,她无师自通,一切农活在她手里就像捏面团一样,任由她揉搓。她用一双柔细的手撑起这个家,从没有叫过苦叫过累,她知道远方有个人跟自己一样,也在拼命地劳作,用汗水和辛劳换取未来的幸福生活。只有在夜深人静,她才对着月光一遍一遍地呼唤:我想你了! 想你了!

她想他,想他憨厚的笑,想他粗大的手拢起她秀发时的温柔,想在一起的甜蜜时光,想相拥时的温暖。她每天都在重温这些细节,一遍一遍。她回娘家时向弟弟要了一张中国地图,回去贴在了墙上,在他去的城市名字上用红色的笔做了一个心的标志。每一天,她都在地图上抚摸那座城市,就像抚摸爱人的胸膛。

近一年,他的消息越来越少,杂货店里的电话旁,二婶依然在用粗大的嗓门喊着村里留守女人的名字,唯独里面没有她。她矜持得不敢走进去问个究竟,只能偷偷跑到村头的小桥,站在那里张望,任风拂过她的乱发,任泪滚在腮边。纵然家里没有电话,怎么也不会是音信茫茫! 怎么就不来个平安的消息,哪怕一个字也好?

她累了,颓坐在田埂上,在她的身影旁画下了另一个身影,那身影很宽大,像极了他的背。她把身体倚靠过去,就有了和他相依偎的温热。儿子喊她:"妈妈,我饿。"她没动,儿子就把头拱进她的怀里,她一把搂了过来,使劲在儿子的头上亲着搂着。

吃了晚饭,她便又去了杂货店,去看看有没有他的消息。屋里挤满了人,有媳妇有光棍,大家天南地北地聊着,时不时诌几句黄段子,间或听到女人的浪笑和男人诣媚的搭话。她对这些开始是讨厌的,她看不惯那种女人,自己的男人不在家,就像发了情的母猫,逮到男人就往前靠,被揩了油还像捡了多大便宜似的。可看得多了自然也就习惯了,渐渐地由习惯变成了接受,也开始刻意去寻求这种感官上的刺激。毕竟自己也是女人,有时候有意识无意识地愿意往杂货店里跑。不管怎样,这样的荤话和俗语对自己寡淡的生活也算是一种调剂吧。

好久没有他的消息,村里人在背后开始议论了,说他在南方干活很卖力,也有人说他在外面有了城里的女人。她不信,城里女人怎么会要他呢?他除了一身臭汗,哪有令人稀罕的地方?可描摹得有鼻子有眼睛的传说又令她疑惑了,说他这几年运气不错,被老板看上做了工头,又被老板的女儿相中。她听了,想笑,可嘴边怎么也牵动不出一个笑意来。

这一天,收拾利落家里,她把儿子托付给了婆婆,换了一身轻薄的春衫,把头发散开,梳得直直的亮亮的,又在脸上略施了胭脂,涂了淡淡的唇彩。她看着镜子中的自己,一举手一投足,都透着妩媚透着风情。

她好久没有打扮自己了,这么多年,除了村里哪户人家有大事小情需要随份子,她从来没这样光鲜过自己。村头的狗儿们在追逐嬉戏,连动物们也知道调情,在这样浓浓的春意里,她的内心也开始萌发了不安和骚动。她拿起竹篮便向田间走去,田野里,山坡上,油菜花开了,千朵万朵,油亮亮,金黄黄。她提着竹篮在油菜地里挑拣嫩嫩的叶,边拣边唱着山歌,风儿摇曳着花絮拂过她的脸颊,她身上顿时有一种让人脸红心跳的快感。这是怎么了?自从他走后一种久违了的惬意。

突然好想喝酒,她跑到杂货店买了一瓶白酒,放在竹篮里,然后又跑回山坡上,拿出酒,第一口辣辣的涩涩的,她以为是自己的眼泪。她一口接一口地喝了起来,油菜花在眼前飘啊飘,她看到他回来了,她跑过去紧紧地抱住他:想你！想你！……

不知道什么时候,她感觉有人从后面抱住了她。她知道是村里的男人,她内心渴望这样。甚至在想,要是遇到流氓,自己就不挣扎。直到那个男人解开了她的上衣,她才突然惊醒。她挣扎着打过去一个耳光,踉跄着向家的方向跑去。

当她在家里一觉醒来,月牙儿已经升起来了,弯弯的一帘新月挂在树梢,周遭一片寂静。她呆坐在那里,一声叹息,咬着牙,把目光狠狠地投向南方,投向南方那座有红心的城市。

镜头三　想得开的春秀

王春秀 38 岁生日这天,家里雇了一个短工。这汉子具体年龄不知,春秀也不好细问,从他古铜色的皮肤上也看不出多大年龄,一看就是常年在外暴晒的结果。

春秀丈夫在珠海搞工程,去年过年回来一趟,说是在那边联系好了学校,准备把儿子接去上高中。儿子今年初三了,正是学习最较劲的时候。春秀在学习上根本无法给予儿子太大的支持,只能在生活上多一些照顾。

家里不缺钱,前年新盖了房子,连儿子结婚的房间都预备好了,可儿子说,他根本不想要,他要去城里买,还要娶城里媳妇。

春秀丈夫在外打工这么多年,她一个人在家拉扯儿子,照顾老人,也没觉得多辛苦,只是到了半夜想丈夫,特别是年轻的那几年,真难熬,常常做梦哭醒。而这几年她倒是习惯了这种日子,毕竟丈夫是为这个家在外面奔波,票子源源不断地按时寄送回来,她也不会对丈夫有太多的抱怨,没办法,这就是生活吧。

也听过一些风言风语,有人说丈夫在广东那个花花世界不会闲着的,说不定早就找了小三啥的,不然这么多年咋也没带上春秀去那边看看。春秀开始是不信的,还气得要找传话的理论,但渐渐地,听到看到村里一些留守女人的遭遇后,她也开始半信半疑了。有一天丈夫往家里打电话,她在电话里追问丈夫是不是在外面养了别的女人,还要买车票去珠海看看,吓得丈夫好一顿解释,又是发誓又是买礼物的,一番安抚后,春秀也就平息了无缘无故升起来的怒气。

马上秋收了,春秀丈夫又来电话说,别让春秀累着了,雇个工得了,反正也不差钱,犯不着受累。春秀答应了,就跟隔壁春杏商量一起雇个短工。

这个短工姓庞,一天100元工钱,还要管早饭和午饭。这一天,下午做完农活,收拾完农具,老庞问春秀能不能请他吃个晚饭。春秀爽快地答应说行,还反问老庞,那你的工钱呢? 老庞说,工钱你随便给多少都行。他说他有个习惯,晚饭一定要有酒,春秀就备了一些酒菜,留老庞吃晚饭。一瓶白酒下肚,老庞要走的时候春秀给他塞了100元工钱。结果他走了一段又折回来了,满身的酒气,他抱住春秀说:"大妹子,我结婚十几年了,老婆是先天性的性冷淡,结婚这么多年了几乎跟她没好好亲热过。"

春秀傻了，咋也没想到老庞会有这么一出。她想脱身快速离开，可是她无法拒绝，怎么也挪不开步。这是春秀的第一次婚外性生活。

春秀的第二次婚外性生活给了村里的一个鳏夫。这是个五十开外的老单身，老婆死了很多年了，他一直没再娶个老伴儿，拉扯大儿女，就一个人生活。春秀有了第一次婚外欢愉以后，开始注重打扮起自己来，也开始留意身边的男人。这个老头是个乡村医生，春秀是去看病时跟老鳏夫勾搭到一起的。春秀身体丰满白皙，模样长得也可人，把个老医生高兴得云里雾里。

像春秀这样没念过几年书的农村妇女，若你问她性生活这个问题，她会很直率地回答你，她把这些看得很简单，过性生活就是为了自己，为了家庭的幸福。而对于农村的留守女人来说，过性生活的最好方式就是偷情。如若你继续发问，你偷情已经脱离了道德底线，已经违背了婚姻的承诺，她会理直气壮地回答："我丈夫到南方打工都有好几年了，过了年就出去，再等快过年才回来，这种折磨有谁能受得了？特别是像我这样到了中年的女人，正是如狼似虎的年龄，不找个汉子满足一下简直就是白痴！"

相比较春秀的直接，于娟的遭遇就悲惨了很多。

镜头四　声名狼藉的于娟

于娟的男人南下深圳很多年了，开始还将就着寄些钱，但渐渐地，钱寄得少了，后来音信都越来越少，家里还有个卧床不起的婆婆和一个年幼的儿子。为了生活，于娟去当地的一家绢花厂打零工，每天拿些手工活回去加工，可扎一束绢花也换不了几个钱。儿子上学的学费,老人吃药的开销,还有家里的日常生活,全靠于娟的劳动换得。跟其他留守女人相比,于娟的生活显得过于清苦。

随着儿子年龄的增长,花销也越来越大,有一次为了儿子的学费,她走遍邻里乡亲借钱。祸不单行,年迈的婆婆又昏迷在床,周围的乡亲都借遍了。为了给婆婆凑医药费,她不得不又硬着头皮去了她的一个远房亲戚家,这个亲戚早年做生意赚了一些钱,岁数大了,就在家里养老。那日,于娟敲开了他家的门,说明了来意,对方那双贪婪的眼睛直盯得于娟心生一阵寒意,可为了婆婆的病,她没有离开,站在那里等待着他的应答。他慢吞吞地走到于娟面前,用手背轻轻地蹭了一下于娟滑腻的脸,幽微地说:"钱可以借的,可得看你怎么做了……"于娟什么都明白了。为了生活,她强忍着屈辱,顺从了,也顺利地从那里借到了3000元钱。

从那以后,为了生计,她便把目光盯在村里的一个留守老人身上。老张头今年68岁,老伴儿死了几年了,俩闺女都嫁到外村,老头一个人生活。于娟就有事没事去老张头家"唠家常"。

这一天,于娟又去了老张头家,两个人行了那事以后,老张头拿出50元钱给于娟。于娟欣然接受,在老张头那里住了一宿。第二天早上,于娟还在被窝里没起来,老张头的女儿闯了进来。

事情败露以后,于娟在村里难以抬头,每天都要面对大家的指指点点。她家的大门上经常被人用粉笔画上狐狸精和一些不堪入目的脏话,还有人在她家的枣树上挂上破鞋。于娟想过用死来结束这样的生活,可又念及年幼的儿子和卧病在床的婆婆,还有丈夫,虽然他一点

儿没尽到丈夫的责任，但毕竟还是她儿子的爸爸。开始她不敢面对，到最后她开始跟人对骂，反正是豁出去一张脸了，一不做二不休。从那以后，于娟变了，公然在村里做起了那勾当。而主要对象便是年迈的独居老人。按次数收费，一次大概50元左右。

当于娟事后被问及是否知道自己的行为已经构成卖淫时，她的回答是："我只想赚点儿钱养家，养活孩子和老人。"

不知道于娟的丈夫知道这件事以后有何感受和打算，我只想说，于娟是可怜的，也是不幸的，更是可悲的，如果仅仅用法律和道德的砝码来衡量，对她是不公平的。

上世纪90年代初以来，改革开放释放出来的巨大能量使中国经济和社会发展突飞猛进。20年间，青壮年农民大规模进城打工，强烈地冲击着我国农村"男耕女织"的传统生存方式。但由于受收入、户籍、住房、教育等一些因素的制约，这些打工者无法携家带口在城市立足。许多农民工不得不把家人留在农村，自己单枪匹马到城市闯荡。由此，农村便形成了一个以妇女、儿童和老人为主体的庞大留守群体，人称"386199部队"。留守妇女不仅要照顾家中老人、孩子，还要承担起繁重的农业劳动。半边天变成了顶梁柱，她们长年累月地独自撑起一片天，忍受着与丈夫分离的痛苦，她们长期生活在性压抑中，正常的生理需求得不到满足。这些留守的妇女，大多是25岁至45岁的年龄。这个年龄段，尤其是三四十岁，是女人一生中性需求最旺盛的时期。一味地去指责她们的行为，用一种道德的名义对她们进行批判与扼杀，对于留守妇女而言，是残忍的，是不人道的。她们盼望的是设身处地的换位思考,是人道主义的关怀、理解和拯救。

镜头五　不是喜事

这几天柳玉妮很忐忑,她的丈夫喜山打电话说这几天就要回来了。按说丈夫回来,玉妮应该高兴才对,结婚不到一年,小两口在一起的日子还不到十天,可是玉妮却不知为什么就是高兴不起来。

丈夫出外打工的日子里,玉妮整天无所事事,除了跟街坊邻居扯扯家长里短就是找一帮子人凑成牌局打打麻将,这样,日子还能够过得快一点儿。

村后别墅住的旺山跟玉妮丈夫是本家兄弟,原来都是在一个地方打工,后来旺山回到县城当了个小包工头,揽了几个工程,赚了不少钱,在村后盖了一幢别墅,还买了车。

玉妮风闻村里不少小媳妇跟这个旺山有一腿,她也没太在意,毕竟那是人家的私事,不便过问。因为是亲戚的关系,逢个节日,旺山也常到村里亲戚们家走动,这样就跟玉妮熟悉起来,没事也约玉妮去他家搓搓麻将。

旺山人长得没喜山帅气,但比喜山会来事。他对玉妮嘘寒问暖,把个玉妮捧得跟个公主似的,就比如玩麻将吧,每次都留玉妮在他家吃饭,玉妮要是输了,他都会偷偷地往玉妮手里塞钱。他还有事没事送玉妮小礼物,口红香水啥的,都是乡下人不常见的新鲜玩意儿。

时间长了玉妮哪受得了这份好,渐渐地对旺山心生好感,也半推半就地上了旺山的床。眼看过年了,丈夫就要回来,她心里能不忐忑吗?一方面盼着丈夫回来,夫妻得以团聚;另一方面又害怕丈夫回来

发现了自己的丑事。更何况她也舍不得旺山的甜言蜜语。

丈夫回来了，给玉妮带回来不少年货，还给玉妮买了个钻戒。玉妮此时心里非常愧疚，也极尽妻子的温柔来伺候丈夫。正月初七，玉妮一大早起来给丈夫准备早饭，刚把油倒到锅中，就被油烟味道刺激得干呕起来。丈夫看到妻子的样子，以为生病了，急忙请来了村里的大夫，结果一个震撼的消息让丈夫喜山大吃一惊：妻子怀孕了，而且已经两个月了。显然，这不是喜山的骨肉。

喜山忍着内心的悲痛，陪玉妮做了人流。三天后，一言未发的喜山坐上南下的火车，离开了这个令他伤心、给他屈辱的家。

一周以后，玉妮接到了离婚协议书。

镜头六　她们的烦恼

王桂芬今年 45 岁，丈夫常年在外打工，她患有严重的腰椎间盘突出，上面有两位年迈的公婆需要照顾，下面有一儿一女需要抚养，还要承担 5 亩地的耕种。提到丈夫，她忍不住痛哭起来。

"我现在就盼望他早点儿回来，我这病每年春耕和秋收的时候都会犯，严重时根本爬不起来。公公婆婆今年都 80 多了，农忙的时候还得跟着我下地。我一犯病，女儿跟儿子就得请假，一起跟着他们忙。本想也跟别人家一样把地包出去，可是哪有那份钱啊？他一年到头赚的钱拿回来去掉两个孩子的学费，还有日常的花销，基本就不剩啥了。除了腰上这个病，年前村里给育龄妇女做体检，说我子宫里长了个肿瘤，建议我尽早去大医院再查查，怕有癌变的可能。可是哪有这笔钱啊？我不敢把这事告诉他，怕他惦记，怕他跟着我上火。上周他往家里打来电话,问我身体怎么样,我说都挺好的,别惦记,边说我边流泪。我知道他的难处,快五十的人了,还在外面出这苦力,他也是一身的病,可是有啥办法呢? 老的小的都等着他来养。他要是一倒,我们这个家就彻底完了。"

王桂芬边说边抹着泪,从她的神情里,我读出了太多的无奈、太多的疲惫、太多的伤感。

跟这些农村的留守女人相比,在城市中也有不少这样孤单的身影。白天她们跟所有的城市女人一样,奔波着、忙碌着,到了夜里,她们却独自品味着寂寞与孤独。

镜头七　光阴的故事

昨天跟小娟在电话中约好见面的时间,从电话那端说话的语气判断,就知道她是个爽快人。见面后,小娟果然是个看起来不像年近五旬的女子,从她依然妩媚的眉眼中可以看出,岁月在她的脸上没有留下太多的沧桑。简单寒暄几句,小娟就率先把话题引到正题。

看她如此配合的样子,我倒觉得不好意思,急忙说:"娟嫂子,如果话题涉及您的隐私,可以省略,我完全尊重您的意愿,千万别为难。"

"没事的,事情过去了这么久,也没什么隐私可言了。"

被娟嫂子的话感动,再客套倒显得我不真实了,于是我便开始了访谈。

那一年我还年轻,大概不到30岁吧。当时丈夫办签证的时候,都是我帮着跑的。留守三年,我当时是信心满满,等着他三年归来,我和

儿子就可以过上好日子了。

当时我们是跟公公婆婆一起住，我在家附近的职工医院旁边开了一家食杂店，一是为了方便照顾年幼的儿子，二是为赚钱养家。当时家里的钱都被丈夫拿走了，还借了不少。儿子还在上幼儿园，我每天既要照顾儿子的一日三餐，还要忙活小店的生意，那时候真的很苦。

因为食杂店是在一家职工医院旁边开的，经常有夜里来光顾的客人。小店是靠马路边的一个铁皮亭子，里面的货物到了晚上又怕丢失，特别是烟草之类的高档物件，每天晚上公公就来替我值夜班。白天如果去上货，还得找邻居帮我照看。冬天铁皮亭子很冷，那个时候也没个电暖气电暖风啥的，我就早上拎两暖壶热水，再灌个热水袋，外面罩个缝制的小棉垫子，水冷了再续。

这样还不算，时不时还来个工商啊税务的，手续不全货物就会被没收。那个年代，政府的透明度还不是很高，工商税务很牛气的，遇到这样的事，你就会很头疼。本来是小本经营，一天赚不了几个钱，再被他们一罚，基本上就不剩啥了。

有一次，工商来查假货，强行把我的部分货物带走，说是涉嫌售假，急得我啊跟什么似的，我到处找人，钱花了不少也没找到个接洽的。正巧有一天在办事的路上遇到我一个多年未见的小学同学，她热情地拉着我攀谈，当时正好是午休时间，我们就找了一家小饭店吃午饭，边吃边聊。

我跟她说了我的近况，又说出来我近期的烦恼，她是个热心肠的人，安慰我一番后帮我介绍了一位工商局的朋友，说是她丈夫的战友，人非常好。那时候手机还不是很普遍,她说回去帮我查一下朋友的号码,然后再让我去联系。

第二天,我去幼儿园送完儿子,刚走进店里,同学的电话就来了。她可真够意思,不但告诉了我那个人的电话,还跟我简单介绍了一下对方的情况,说在他们行业他是有名的黑脸包公,不仅是长得黑,而且是出了名地狠,很多人找他都不爱待见,可他特别重情,一般说是战友的事,他都尽力帮忙,然后告诉我就说我是同学丈夫的表妹,这样说能好办事。

我放下电话,拿起记在本子上的号码,给这个刘姓工商打了过去。响了半天对方才接电话,一个略带沙哑的中年男子的声音,低沉而冷漠。我把自己的情况介绍完以后,对方略停顿了一下,然后说:"我知道了,明天我们再联系吧,我先了解一下情况再说。"说完,还没等我的谢字出口,对方便挂了电话。

第二天,我等到晚上也没接到一个电话,我开始笑自己的天真和轻信。这件事就这样被搁置,我准备就这么算了,不去找了,扣就扣吧,就当丢了。

一周过去了,在店里接到同学的电话,她说:"你咋不联系老刘呢?怎么这么不把自己的事当事呢?人家老刘把电话打到我们家,说你们家那个亲戚咋回事啊?让她第二天联系我,咋没信了?那件事办完了,东西在他那里,叫你去取呢。"

我一时语塞,忽然想起那天是我主动给对方打过去的电话,人家说第二天再联系,是让我把电话打过去,而人家根本没有我的联系方

式。唉，真是的，我还傻乎乎地等着人家给我打电话呢，真笨得可以了。

跟同学解释完，我就又拿起电话拨通了老刘的座机号码，电话通了，是个女声，对方说是他同事，刘队长没在，有啥事跟她说，她转达。我没说，也不好说，说了句那我下午再打过去吧，就收了线。

撂下电话，我心里涌起一阵感动和愧疚。这人还真行，真的把事办了，也不像传说中的黑脸呢。我是以小人之心度人家君子之腹了，虽然未谋面，但心底却对这个老刘有了几分好感。

电话终于打过去了，我们约定第二天去他那里取被扣留的货物。那天我准备了两条烟，还有两瓶红酒，又特意打扮了下自己，穿了一条合体的白色连衣裙，披肩长发，刻意在唇上涂了些口红。只想给对方留一个良好的印象吧，以后再遭遇这种事情，有朋友就会有个出路。

因为这事不便在单位解决，我们就约去他家里，按照他给的地址，我一下子就找到了他的家。我敲门，一个大概在40岁左右的中年男子出现在门口，黝黑的脸上一双幽深的眼睛，我猜这就是老刘了，从同学对他的介绍中我已经对他勾画出了大概。只是他比我想象中的要年轻英俊些。

他把我让到了房间，从冰箱里给我拿出一瓶饮料，我们便开始了寒暄。从他看我的眼神中，我能辨识出他的惊讶，也许他觉得像我这样一个年轻女子不会开着一个食杂店，做着老人们做的生意。因为那个年月下岗的还很少，像我这样的年轻人基本上还都有一份稳定的工作。

202

我俩就坐在他家客厅的沙发上僵了一会儿。记得当时气氛很尴尬，我们彼此都不知道说些什么，我也不太会说客套话，老刘也一副冷冰冰的样子。我把带过来的烟酒放在茶几上，然后说："这件事麻烦刘哥了，多少一点儿意思，刘哥别嫌少。"老刘这时站起身用手做拒绝状，摇着头说："你是老胡的表妹，我跟老胡战友十几年，这点儿事不算什么，你快把东西拿回去，老胡要是知道我收了你的东西，非埋汰死我不可，我这一世英名也就不保了。"

说完这句话，他自己也笑，气氛这时缓和了许多，原来他也是会开玩笑的啊。

"那我不管，我哥那边我去说，你必须收下这些，否则我心里会不好受的，以后我咋再找你办事？"我为自己能够说出这些成章的字窃喜着。他便难再推托，当他把两大箱子货物搬给我时，我傻眼了，咋拿呀？那时候出租车还不是很多，而且他们的小区走进来就十几分钟。他似乎看出了我的为难，马上说："你一个人拿不了吧，这样，我开摩托给你送去吧。"我正不知道该怎么感激是好的时候，他已经开始换衣穿鞋准备下楼了。就这样，我的两大箱子货原封不动地回来了。

以后，我又因事找过他几次，他每次路过我的门口也都进店里来看看我，我们彼此成了朋友。他也知道我的情况，休息的时候也刻意过来帮我干这干那。

记得那是秋天，大概就是这个季节吧，丈夫从日本打过来越洋电话，说那边工作又要推迟一年回来，而且这中间本应计划回国的假期也取消了。可能是这消息来得太突然，也可能是又要隔太久才能见到

203

他，反正那天我非常烦躁，在电话里大哭，边哭边数落和埋怨着他。电话挂断，我心里的怨气还是没有彻底发泄。我走到婆婆房间，让她照顾下熟睡的儿子，转身就走了出来。

夜雾很浓，我就这样漫无目的地在街上走着。好容易马上熬到了头的日子，却又有了变故，又得拖上一年，一年365天，我还要这样一天天地等，一天天地盼。想想自丈夫走后一年来我的辛苦，想想每一个难熬的漫漫长夜，我就觉得好委屈。

走着走着，觉得后面有鸣笛声，还有车灯在晃动，我本能地回头张望，一辆摩托车停在我的身旁。我就知道是老刘。

"半夜三更，你鬼魂似的游走啥呢？"老刘关切地问。

"心情郁闷，不想回家。"我嘟囔着。

"为啥啊？谁给你气受了？你丈夫也没在家，谁还能气到你啊？跟孩子啊？小孩子不懂事，你可别和他们动真气，多大的事啊，还值得半夜三更不回家，在外面转悠？这要是遇到个坏人，那你马上就不气了，就剩哭了。"老刘夸张地说。

"不是孩子！唉，一言难尽！"我神情沮丧地回答。

"走吧，咱俩吃点儿东西去，我刚下班，还饿着肚子呢，边吃边说吧。"老刘边说边示意我上他的摩托车。

我们来到一家中餐店，看样子老刘跟店主很熟，我们刚露头，店主就迎出来，边招呼边递烟。店主把我们带到了一个包间。这家饭店还真有特色，所谓的包间就是在一个大炕上隔出许多间壁墙，进包间就等于上炕。炕烧得暖暖的，一张炕桌古色古香，四周放着几个厚垫子，

204

没想到居然还挺温馨,有家的气息。

那天晚上,我醉得一塌糊涂,不光是吐,还抓着老刘不停地哭诉,哭诉自己的委屈,哭诉这些年来自己的辛苦。那天晚上,无论老刘怎么劝慰,我说什么也不回家,老刘没办法就把我带回了他的家,也就是那天晚上,我跟老刘之间有了第一次亲密接触。老刘后来跟我说那天晚上我们一共喝了四壶高粱酒。

老刘跟他媳妇一直分居,媳妇跟儿子住娘家。老刘 17 岁从农村出来,在城里当兵,为能留在城里,他选择了一个父亲也是军人出身的城市独生女。女孩爸爸早逝,妈妈二十几岁就守寡,所以那女孩性格内向孤僻,不爱与人沟通,两人其实很少交流。老刘说,我也很痛苦,想到过离婚,可是一想想孩子,就忍了。我当初结婚的目的不明确,所以,生活才如此对待我,这就是我为生活和婚姻所应该付出的代价。

男女之间就是这样,有了第一次便想第二次,以至于若干次。我心里其实也是愧疚的,对丈夫对孩子。有一段时间我甚至不敢去接听丈夫打过来的电话。老刘对我还算有良心,经常在经济上给我贴补,我爸妈身体不好,劳保还开得少,一个弟弟工作也不是很好,老刘总是暗地里帮我补贴。比如爸妈看病,他经常帮我找医院,负责接送而且还替我缴纳医药费。我心里在感激之余还有了一份不舍,我想我是真的爱上他了。我开始吃醋,开始追问他更多的事情,开始不让他去看他老婆。

为了便于跟老刘在一起,我把食杂店转让给了公公婆婆管理,在

老刘的帮助下我在外面开了一家配货站。我便以工作忙为由，搬到了配货站居住。儿子也被我送进了长托。就这样，我开始了跟老刘的同居生活。我们跟正常夫妻一样，每天他下班买菜，我回来做饭，他的衣服和日用品也陆续搬了过来，我们开始置办生活用品。他也开始肆无忌惮地往家里带战友和朋友，大家在家里张罗一桌酒菜，一醉方休。那段日子也过得其乐融融。而我跟丈夫的电话越来越少了，即使接到他的来电，我也不愿多说几句，报一下平安就挂了。

就这样，一年转眼就过去了。丈夫这次还真是守信，说一年回来，真的就一年回来了。把他接回家，我也自然得要回家，为避免丈夫知道我配货站的地址，我把配货站托付给了一个朋友代管，谎称自己休假。丈夫的假期不短，整整一个月，这一个月我甚至比他去日本那个阶段还要煎熬，不仅仅是煎熬，还要忍受与他的同床之苦。也许丈夫察觉出我的不情愿，也许是听家人说了什么，也许是我做贼心虚，我总觉得他看我的眼神不对，像审视像怀疑像试探。我在家里忍受着对老刘的相思之苦，就这样熬了半个月，可是心却早已经飞了。终于有一天我以见客户之名，溜了出去。

就像飞出牢笼的鸟得以呼吸自由的空气一般，我飞也似的狂奔到他单位楼下，不顾一切地跑上楼。他当时正在和同事说话，看到我，他脸上流露出的惊喜表情，我至今都忘不了。我们还是不顾一切，回到我和他的家……

这一夜，我没有回家。当我沉迷在情爱的旋涡里无法自拔，当我一次次地把自己送入快乐巅峰的时候，丈夫正披着夜色骑着单车，载着儿子满世界找我。

第二天，结果可想而知。我不想再做任何解释，当我回到家准备跟丈夫摊牌的时候，丈夫却出乎意料地安静，不仅安静，还做好饭菜等着，说让我尝尝他在日本学的手艺。那时候我根本无心去体会他的感受，我已经走火入魔、鬼迷心窍了。

丈夫在做着最后的努力，而我却没有任何配合的举动。我知道我彻底疯狂了，疯狂到已经没有了理智。终于我们俩的婚姻大厦即将倒塌，推倒它的不是别人，正是我自己，而且这一生都没有了再重建的可能。

当晚我依然没有回家，当我拎着从菜市场买回来的一袋子蔬菜走进配货站，我呆住了。丈夫和他的弟弟就站在门口等着我，我极力掩饰着内心的虚弱，试图在脸上挤出一抹笑意来。

丈夫没有进屋，而是把我拽到一边，然后放低声音说："一切我都知道了，为了给你留一个自尊，我不进去。给你两天时间考虑，你何去何从。"

他们走了，扔下傻愣愣的我不知如何是好。我失眠了，想得更多的是孩子的泪眼，是爸妈焦急的眼神。我犹豫了，是进是退，我该如何是好？

老刘一直保持着沉默。自私地说，他希望能够跟我一起生活，可又无法放弃太多东西。他说近期内给不了我太多，让我好好考虑，好好选择。

快到半夜，接到丈夫电话，他说明天约好我的三位闺蜜过来吃饭，

我不明白他这是要干什么，我的事情从来没跟她们讲过，他是不是想让我在我的姐妹面前出丑？我们几个是从小玩到大的。他的行为一下子激怒了我，我不顾一切对着电话大喊："姓李的，这婚我离定了。明天我们民政局见！"

次日清早，我还没从被窝里爬起，电话就响个不停。先是闺蜜老二打来的，她苦口婆心一番说教，我听得无动于衷，那时候心里就抱着离婚的想法，谁都无法改变我的决定。老二电话还没放，老四的又来了，还是一番攻心战，差一点儿说到让我流泪，她打的是儿子牌，她知道那是我的短处。我依然忍着，没有让她得逞。老三的电话我干脆就没接，直接告诉老四，你转告一下大家，我决定离婚了。

就这样，我走出了我曾经全力经营的婚姻，投入了另一个男人的怀抱，开始了我长达半生的等待。最终我跟老刘还是以分手告终，而此时，我已经44岁，为了这个男人，我耗尽了自己的青春。怪谁呢？只能怪我自己，怪我自己当初的糊涂，怪我没能抵御住肉体的诱惑，而葬送了我一生的幸福。

在别人眼里我是个不懂珍惜幸福的女人，我有今天都是咎由自取，可是谁又能懂我的悲哀，懂我心底的失落？在那样一个漫长的等待中，哪怕是一个流氓，只要他对我好，我都会奋不顾身地奔向他的怀抱，把自己完完全全地交给他。不是下贱，这其中的滋味，只有我自己能懂。只有真正留守过的女人懂啊！

还好，老刘对我还算讲情义，给我买了一处房子，让我有一个栖身之地，还不定期地回来看看我。当初也是我把他闹得太厉害了，真正跟他生活在一起以后,我却对他变本加厉。也许是太在意,也许是真的怕失去,他走一步我追一步盯一步,他出去打牌,我能跟踪到那儿,掀翻麻将桌。所有跟他有联系的女人我这里都记录在案,一段时间里我的任务就是特高课,我以看着他为我的全部生活。

他最终也没有离婚,我跟他结婚的希望也随之破灭,从我离婚那天起,他就不断地给我承诺,让我一直等,一直等到今天。后来又有一个比我温柔比我年轻的女人走进了他的生活,他终于离我而去。

我一直沉浸在她的讲述中,直到她把一切都倾诉完毕,默默地看着我。我问她,后悔吗?她苦笑一下说,一切皆由命。要不是当初做留守女人,怎么会有后来的那些故事?留守的日子实在太煎熬了。女人也是有情感的,长期的寂寞生活也会影响到人的情感、性格甚至人格。

镜头八　凋零的玫瑰

魏敏 24 岁结婚,这个年龄在农村算是老姑娘了。结婚晚的原因一是她的相貌不是很好,二是因为她父亲是村里的治保主任,加上从小她姥姥姥爷的娇宠,养成了喜欢挑剔的性格。村里年纪相当的小伙子她一个都没相中,所以到了这个年龄还是孤独一人。父母这个犯愁啊,女大留不得,再等,真的是嫁不出去了。

就在这个时候,有人上门提亲了,男方在离村 30 里的一个穷地方,比魏敏大一岁,小伙子就剩一个老娘,还是瞎眼,据说是死了男人哭瞎的。小伙子本人长得是一表人才,十里八里的姑娘都相中他了,

可一提起他瞎眼的娘，姑娘们都望而却步了。魏敏其实认识他，他们以前在镇机械厂一起工作过，小伙子她是看好的，只是那个时候年纪小，加上女孩家的羞涩本性，再加上机械厂又解散，各自就都没了音信。

等媒人把男方家的情况一一跟魏敏父母介绍过以后，魏敏爸只说还是要看这孩子的人品如何，别的都是次要的，得老实忠厚会过日子，这样才可靠。魏敏妈却不是很同意，有这么一个瞎眼妈拖累，日子咋能过好？姑娘从小过舒服日子过惯了，到了人家家里能过得惯清苦的日子吗？

魏敏听说妈不是很乐意这门婚事，坐不住了，她直接跟妈说："妈，人你都没看到呢，咋凭条件就否了？看看人没准还行呢。"魏敏妈一听这话，心里也就有些谱了，看样子闺女乐意，她也老大不小了，如果真的为这事把闺女耽误了，那不得埋怨我一辈子啊？话又说回来，如果不是因为家里穷，人家小伙子也可能早就结婚了呢。

魏敏妈这样一默认，自然事就成了一半，过了两天，媒人带小伙子来相亲了。这小伙子真是仪表堂堂，大高个，浓眉大眼，挺直的腰板，更重要的是温和有礼，周到细致。魏敏妈当时心就落了地，满心满眼都把这个叫赵江的小伙子当成了自己的女婿。

婚后，小两口倒也恩恩爱爱。魏敏每天早早就起来，做饭、洗衣，伺候瞎眼婆婆，每天甜甜地妈长妈短，把个老人家高兴得整天合不拢嘴，遇人就讲，我虽瞎了，可是老天有眼，给了我一个贤惠的儿媳妇。

日子就这样过着，魏敏不仅承担了繁重的家务劳动，还跟着丈夫一起侍弄家里的几亩地。这个家因魏敏的加入，有了不少生机。一年后，魏敏生了一个女儿，孩子的到来让本就拮据的家又添了不少负担。这时候，农村在悄悄地发生着变化，很多人开始向往城市生活，不少家的男人都走了出去，做生意的做生意，打工的打工。

一天吃罢晚饭，赵江没等魏敏收拾桌子，就把她从屋里拉进厨房："小敏，跟你商量件事，大哥上午找我，让我跟他去黑龙江那边做点儿小买卖，你看我是去还是不去？"

魏敏抬头看着丈夫，好奇地问："做啥小买卖啊？"

"镇上不是有个集吗？衣服裤子啥的，哥想倒腾点儿过黑龙江那边去卖。"

"那能行吗？主要是咱也没本钱啊，上货不是得花钱吗？"魏敏叹口气接着丈夫的话说。

"是啊，这不是跟你商量吗？你回趟娘家问问妈，她不是裁缝吗？我们借点儿钱买点儿布料，让她帮着裁点儿，找些人来做，你不也会做吗？光做裤子，裤子简单啊。你看成吗？"赵江几乎把脑袋凑到魏敏的怀里了，小声跟魏敏说着。

"你大点儿声不行啊，干啥偷偷摸摸的？"

"傻啊你，不是怕我妈听到吗？她胆小，知道了该跟我们担惊受怕了。"赵江声音更小地回答，边说还边用手指压住魏敏的嘴唇。

就这样，赵江如愿以偿地跟他哥带着200条裤子，还有老丈人那边凑的200元钱去了黑龙江，一走就是3个多月，而且音信皆无。魏敏边带着还在哺乳的孩子，伺候着婆婆和家里的鸡鸭鹅猪，边等着丈

夫回来。

赵江回来的时候，村头的柳树已经抽出新芽了，蜿蜒的细柳河水也不知疲惫地缓缓南流。又到了播种的季节，魏敏喜欢这样的春天，尽管忙碌却带着希望。赵江此次没白忙活，200条裤子不仅全部卖了出去，还带回不少订金。要说东北人就是实诚，一个走街串巷的小贩，咋还能得到如此信任？如果他们不再去了，那钱不是打水漂了吗？反正这一趟，赵江是赚得金银满钵。

接下来当然是接着干了，他不仅把丈母娘的赚钱热情调动起来了，还拉上他两个嫂子，还有周围的亲戚朋友，一起给他加工，他自己又跑了几趟黑龙江。赚的钱除了还账以外还剩下不少。他开始酝酿更大的计划。这时候镇上的市场也开始有了规模，不少农民开始立足这个市场搞起了服装加工。而这时，赵江的生意已经率先起步，当人们都蜂拥北上，他却开始琢磨南方市场。几次南下，他给自己蹚出不少门路，后来就长期在南方驻扎，专门上货，他哥在家里负责经销。哥儿俩把个服装生意做得红红火火。家里的房子翻新了，还添置了不少家用电器。

魏敏还是一如既往地在家照顾老人、抚养孩子，好像外面那些事都与她无关一样。在赵江风风火火忙碌生意的时候，魏敏为赵江又生了一个儿子，还送走了瞎眼的婆婆。婆婆临终时握着魏敏的手，那份不舍，让周围的人都跟着感动。

就在赵江的生意做得如火如荼的时候，赵江的哥哥却得了重病，而且一病不起。赵江无奈从南方回来料理生意，不巧，正赶上南方的一场大水,他在那边的仓库被冲毁,布料跟衣服全部被洪水冲走。

魏敏一边安慰着丈夫,一边打理家里的一切。怕丈夫想不开再出点儿什么状况,她就让赵江在家带儿子,想拿孩子拴住丈夫,不给丈夫留下胡思乱想的空闲来。而她为了家里的生活,去镇上一家服装厂给人家打工。她又卖了家里的摩托车,换回一台彩电,就为了让丈夫能够开心一点儿。

一天,魏敏下班回来,见家里房门上了锁,她跑到大哥家和二嫂子家一顿找,也没见丈夫和儿子的踪影。她打开房门,见桌子上有张字条,是赵江留下的,字条上写着:"小敏,我走了,你别再找我了。不混个名堂出来我不会回这个家。"魏敏一下子觉得天都是转的,他能上哪儿去呢?儿子又哪儿去了呢?她蹲在地上抽泣着。这时,女儿回来了,手里拉着弟弟。魏敏看着两个宝贝,一下子大哭起来。女儿说:"下午我刚到学校,爸就来找我了,说他有事要出去,把弟弟放收发室了,让我放学领弟弟回家。"魏敏的心一阵抽搐,她无力地坐在了地上,一手搂着一个孩子,无声地哭着。

赵江这一走,活不见人死不见尸,村里人都说,他一定是自杀了,生意赔了,他那么一个精明的人,哪受得了这个打击?可只有魏敏不信,她不信赵江真的会寻死。他一定是在哪里给家人赚钱呢,等着再次出人头地的一天。

日子就这样一天一天地过去了,魏敏依然在等着。女儿初中毕业,去了城里自己谋了出路,儿子马上上中学了。虽然都没别人家的孩子学习好,但是儿子女儿都很懂事都很孝顺,也没让魏敏操太多的

心。白天，家务活把她累得顾不上想太多，到了夜深人静，儿子睡熟以后，她就无法入眠，睁着一双大眼睛，开始想丈夫。

一些好心人劝魏敏算了吧，去镇上报个案，就说这个人失踪了，死亡了，自己便可以解脱了，可以再找个好人家。可是她就是不听，她始终坚信赵江还活着。

赵江真的活着。从家里出来，他便买了去南方的车票，回到了那个把他从天堂一下子又拉到地狱的江南小镇。在那里他找到了以前给他供货的生意伙伴，这个叫徐丽的女人，小赵江八岁。徐丽不仅有着江南女子的婉约柔美，还有着北方女子的坚毅豁达。她收留了赵江，并把自己的部分生意交给赵江打理。男人和女人之间，怕的就是长期厮守，特别是两个单身男女。时间久了，赵江和徐丽之间渐渐开始有了难以割舍的感情，第二年春天，他们同居了。开始，赵江是有私心的，他想利用徐丽这个富婆手里的钱达到自己东山再起的目的。可是毕竟人都是有良心的，这个徐丽不仅把自己照顾得无微不至，还对他一点儿戒备都没有，好多事情都依着他的想法，却也让赵江无法招架。再加上徐丽温柔可人，比自己老婆魏敏强了不知多少倍。渐渐地，他开始忘记了自己的诺言，忘记了自己还是别人的丈夫、两个孩子的爸爸的身份，俨然在这里做起了徐丽的丈夫。而且一做就是八年。这个徐丽也不是个一般女子，如果换作别人早就缠着赵江回来离婚了，可是她非但不提这个要求，还时不时地提醒赵江可否给家里寄些钱，看起来她是真的安心做小。

赵江心里也是矛盾的，怕真的往家里寄钱了，老婆、孩子再顺着地址找过来。不是他不敢见他们，是实在不想回到家乡，每天看着村里人异样的眼神他就受不了。还有魏敏，她从来也不对他吼一句，如果吼上一句，他心里还能舒坦点儿。可是她就这样什么都不说，让他承受着无形的压力，他怕这压力。而跟徐丽，他没有一点儿压力，他在她身边尽情地释放着自己的喜怒哀乐。钱还是没有寄，他觉得还不是时候。等女儿出嫁儿子结婚吧，一起拿个整数，再给魏敏留点儿，他也就心安了。

而魏敏这边每天都在为生活奔波着。镇上市场规模的扩大，带动了周边的县镇经济，找个活不是很难，可魏敏还惦记着儿子，惦记着家。于是她打开缝纫机，开始给别人加工服装，每天拼命地干，为了给女儿攒嫁妆，给儿子赚钱盖房子、娶媳妇……

魏敏给加工服装的那家在邻村，按理魏敏得每天去邻村取活送活，可魏敏舍不得把时间都搭到路上，就让儿子骑车帮着取。儿子上学在镇上，有时候下课很晚，好几次都耽误了送活。那家主人是个老婆刚死的汉子，年纪跟魏敏不相上下，看着魏敏跟儿子每天辛苦的样子，他有点儿于心不忍，就跟魏敏的儿子说："回去跟你妈说，以后不用你来送了，就说张叔说的，我每天开车去你家取，也不远，一脚油的事。"

从那以后，这个张叔就几乎每天都要跑魏敏家一趟，如果活没赶出来，就帮着扦裤脚、钉纽扣。魏敏总感觉过意不去，他一来，她就准备点儿吃的，不是瓜子就是园子里的瓜果。一来二去，两人就非常熟络了，没事就聊聊家常啥的。老张知道一点儿赵江的事，毕竟一个市场待过。有一天，老张就试探着问了一下魏敏："你家老赵还没有音信

吗？这样下去也不是个事啊，这不是把你耽误了吗？"

这话一出来，魏敏不知道哪里来的委屈，一下子就憋不住了，眼泪止不住地往外流。老张被吓得够呛，慌忙间差点儿被剪子剪到手，说："可别，可别，小敏啊，你可别哭，我没别的意思，我就是替你可惜啊，你可别往心里去……我、我收回刚才的话，行了吧？"

魏敏倒不好意思起来，连忙擦着眼泪歉意地对老张说："张哥，这么多年我都等了，死我也得见个尸首，见不到，我不甘心。不管他对我咋样，毕竟他是我俩孩子的爸啊。"

"唉，你的命可真苦，你说老天咋就不知道体恤个人，越是心肠好的命越苦。比如我吧，从来没偷过鸡摸过狗的，一辈子安分守己地过日子，做个生意吧，都不忍心坑谁骗谁，你说我招谁惹谁啊，老天就偏偏让我早早死了老婆，把个哇哇哭的闺女留给了我。我是又当爹又当妈，我知道一个人不易啊，我、我是心疼你……"老张边说边拿出纸巾替魏敏擦着眼泪，另一只手攥住了魏敏冰冷的小手，魏敏躲闪着，心却扑腾腾地狂跳。好久没这样近距离地接触男人了，一个40多岁的女人，生命的花期还没有过去，还有着正常人应该有的情感和需求，被这样热烈蛊惑咋能不心猿意马呢？老张把魏敏搂在了自己的怀中，轻轻地抚摸着她的头发，两个人再也控制不住内心燃烧的渴望……

也就在这时，外面一阵狗吠。魏敏激灵一下从炕上坐了起来，极力调整着自己的呼吸，一边理着蓬乱的头发，整理着散开的衣襟，一边充满歉意地对老张说："对不起，一会儿儿子就回来了，你快点儿走吧，儿子看见了不好。"

以后好多天,老张都没有过来,他派了别人来取活。魏敏也没有主动找过老张。他们彼此都知道,不会再有类似的情形发生了,在魏敏的心里是难以搁下任何人的。

时间过得真快,转眼,女儿都开始张罗婚事了,对象是跟她一起打工的外乡人。小伙子人挺厚道,长相不是很帅气,可以看得出对闺女很好,很宠她的样子。魏敏在心里想,长相好又能怎样呢?像赵江,长得再帅,不是一样靠不住吗?而今的她想得很明白,一切对于她来说都已经不重要了,两个人能够厮守一生就是最大的幸福。

女儿出嫁了,赵江还是没有回来。魏敏却接到了一份离婚协议书,那是赵江寄来的。附在协议书后面的是一封简短的信:

小敏:

你好吗?

实在惭愧,这么多年都没有勇气去面对你,面对这个家。今天写这封信,理由很简单,她怀孕了,需要结婚证去生孩子。对不起!我也不想这样……

无法随信把这些年的补偿寄给你,我会另外寄钱给你们。好好照顾丫头和儿子。谢谢你!

江

魏敏没有哭,这么多年泪都已经流得差不多了。她微微一笑,轻声对自己说:"我说得对吧,他还活着,我一直感觉他还活着。"

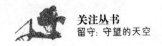

魏敏没征求任何人的意见就在离婚协议书上签了字。签完字，她回娘家待了几天，正赶上秋收，回去帮老妈收了玉米。老爸去世很多年了，就剩老妈一人，老人家身体硬朗得很，不需要人照顾，70多了还自己种菜养鸡呢。

以后的几年，家里盖房子，儿子找工作、娶媳妇、生孙子。魏敏开始享受起含饴弄孙的生活了，孙子是她的命根子，她走一步，孙子跟一步。她，活到55岁，却用了半生去等待，等待一个自己所爱的人，等待一份幸福、一份圆满。

两年前，赵江回来了，说再也不走了，说让魏敏原谅他的不负责任，说要叶落归根。魏敏还是什么都没说，她静静地看着赵江痛哭流涕的样子，淡淡地说了一句："这些你别问我，问问孩子们是否答应。"

女儿得知此事，连夜跟丈夫开车从城里赶回来。女儿坚决反对魏敏收留赵江，她声泪俱下地质问她的爸爸："你为什么还回来？你害我妈害得还不够吗？你不喜欢，你不爱，你可以离婚，早一点儿离婚啊，或者你死了，都行。为什么这么多年你还不放过她，不让她好好过自己的日子？你太自私了。"

儿子却很理智，跟魏敏做了一次详谈，大概意思是不管爸有多少错，毕竟他还是回来了，回来了就该给他一次机会，不管咋，他也是我的父亲。魏敏最后听了儿子的话。儿媳妇到现在都不承认这个父亲，甚至有段时间孙子都不让赵江抱。魏敏在中间做了很多工作，儿媳终于答应，说是看在婆婆的面子上。

一年前魏敏被诊断患了子宫癌，还好是早期，去省城做了摘除手术,而今,她恢复得很好,状况非常稳定。

赵江又去外地打工了,这一次是在省内一个小城市,是给亲戚帮忙。一周回家一次,对魏敏非常照顾,嘘寒问暖。

女儿跟女婿也两地分居着,女婿在家开出租,女儿在外地经营着买卖。都在为了生活,各自奔波着,各自经历着人生的故事与起伏。

一个女人就是一朵花,每一朵花不分高贵与低贱,都在这个尘世间静静地开放着,用尽自己的一生绽放出最美丽的色彩。在女人的心中盛满了爱,装满了情,她把最暖的心给了父母,把最真的爱给了儿女,把最深的情给了爱人。哪一个女人不想成为一朵花,一朵娇艳妩媚,让人倍加呵护疼爱的女人花?

"爱过知情重,醉过知酒浓,花开花谢终是空",如花就难逃零落成泥,如花就难逃魂碎情伤。如花的女人,绽放过后就要独自承受乱红空逝的悲戚。别轻易践踏了花的温柔,别刻意摧残了花的善良,别狠心打击了花的爱意,别残忍玷污了花的纯洁。愿大地上每一朵盛开的花,都幸福快乐,沐浴光华。

第七章　夕阳路漫漫

这土地还是从前的样子

贫瘠,干旱

这犁耙还是从前的样子

锈蚀,艰难地划开大地的肌肤

这春天还是老样子

梨花开了,桃花开了

种子还是老样子

照样发出希望的芽

只是驴子老了

赶驴子的人，老了

村庄，老了

它在大山深处，是多么孤单

关爱老人，赡养老人，让老人能够有一个幸福美好的晚年，这不仅仅是每个家庭的责任，也是现阶段中国面临的一大课题。老有所依、老有所养、老有所靠，这个中华民族几千年引以为傲的优秀品质，在今天正受到现实严峻的挑战。随着人口老龄化进程的加快和城市产业结构的调整升级，大批农村劳动力流向城市。据不完全统计，我国现阶段城乡留守老人数量超过 8000 万，而且乡村的留守老人占绝大多数，每年还有递增的趋势。农村留守老人是指那些因子女（全部子女）长期（通常半年以上）离开户籍地进入城镇务工或经商或从事其他生产经营活动而在家留守的父母。

在调研中发现，某镇共辖 34 个村委会，200 多个村小组。全镇留守老人最多的村总人口 1746 人，其中 60 岁以上有 380 人，留守老人有 280 人，占 60 岁以上人口的 73.68%，占村总人口的 16.03%。

这些留守老人用了大半生的时间和精力拉扯大儿女，而今在本该颐养天年的时候，看着儿女们去城市寻梦，他们还要耗尽年迈老衰的时光，承担起哺育孙辈的责任。他们中很多人经济来源单一，生活非常困难，甚至温饱问题都难以解决。面对这些挣扎在贫困线上的留守老人，我们只给予怜悯是不够的。

通过走访和调查发现，当前留守老人面对的主要困难有以下几个方面：

首先是繁重的劳动叫他们不堪重负。青壮劳动力都外出打工了，剩下的土地对于老人来说就成了一种负担。俗话说庄稼不收年年种，老人是不能看着土地流失荒芜的。几口人的土地完全由两个老人耕种，的确是一种繁重的劳动。老人们身体不好，腿脚跟年轻时候也没有办法比了。所以，很多乡村的留守老人，实际上还当年轻劳动力一样使唤。过多的体力透支，严重影响了他们的身体健康。

留守老人缺医少药的现状也叫人担忧。这是一个不争的事实，现在农村医疗保险虽然能够解决一些燃眉之急，可是遇到大病大灾，仍然无力治疗。这个问题困扰已久，解决起来也不是一时半会儿。在我们乡村，老人是没有体检的，小病就是挺着，吃药、打点滴和上医院的情况很少。一旦检查出大病来，基本就是晚期。

他们缺乏起码的医疗知识，保健常识也基本没有，更不懂养生。繁重的劳动和窘迫的生活，使他们早已经忘记了关心自己。

情感困惑，无从沟通。在乡村很多留守老人丧偶以后，一般都选择自己独立生活，情感上一直处于荒芜状态。儿女们基本不同意老人再婚，觉得人老了，不需要情感的慰藉和滋润了。还有相当一些地区，封建思想严重，一些老人再婚是遭人非议的。

我有个小学老师张老师，就住在我们邻村。他教出的学生无数，包括自己的几个孩子，最初也是在他的班级里。前几年，张老师退休了，每个月拿到的工资也不低。在我们农村，老师的日子是很滋润的。

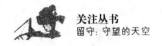
因为开着一份工资，家里还有土地，生活挺不错的。张老师有三个女儿，都嫁到外村去了。大儿子在外面打工，后来和儿媳妇在打工的地方落脚不回来了。张老师开始跟师母一起过日子，小儿子跟我年龄相仿，我们俩还是同班同学。

师母病逝以后，张老师独自过日子。小儿子倒是好心，开始把张老师接到家里，起码能够吃一口热乎饭。可是小儿子一走就几个月，一个屋檐下剩下公爹和儿媳妇，多有不便。张老师就委婉地提出还是自己在老房子里住着。

儿媳妇和小儿子都留了心眼，因为他们知道张老师有退休金。之所以接过来同住，就是惦记着老人的钱。张老师一个人生活，也是很难。做一个人的饭菜，吃着不香，也掌握不好尺度。年轻的时候都不自己做饭，老了以后开始蹲灶火坑。张老师想念起师母的好来。

有热心的人就给张老师提亲，张老师其实身体很好，干农活什么的都没有问题，他确实需要一个老伴儿来陪伴他度过晚年。留守老人的日子不好过，漫漫长夜里，面对着一堵冰冷的墙，也够难为他的了。

媒人给张老师介绍的女人也是退休老师，原来就是张老师的同事。我上学的时候，她还教过我两年。那个老师姓辛，住在五里地的向阳沟。她的情况跟张老师差不多，55岁退休，也是留守老人。这门大家都看好的婚姻，一开始特别顺利。两人知根知底，正好晚年走到一起，还有共同语言，互相照料。这该有多好。

可是没有想到的是，这件事情遭到了小儿子和儿媳妇的极力阻挠。

　　我回老家正赶上他们家闹得不可开交。儿媳妇认为，老人再婚是丢人的，她自己可以跟丈夫亲亲密密，却不允许公公晚年幸福。其实说白了就是差钱，他们怕张老师把钱都给了辛老师。为了阻止老人再婚，两口子可谓煞费苦心，叫孙子跟踪，把哥哥嫂子都叫回来，施加压力。张老师是有文化的人，这事遭到儿女的反对，他不甘心。何况那时候已经公开了跟辛老师的感情。

　　事情闹到村委会和乡政府，干部来做工作。小儿子和儿媳妇让步了，却提出了一个啼笑皆非的条件：结婚也成，两个老人每月上交两千块罚款。

　　罚款？这名目听着可笑，可是儿媳妇就是这么说的。儿媳妇说，等你死了，不还得我们发送？这钱我们必须给你每月收着，否则你们结婚，就受法律保护了，财产啥的就都归了老伴儿，我们不得不留着一手。

　　张老师为了爱情，咬牙挺着，答应下来。谁知道这边婚还没结呢，儿媳妇跟小儿子吵架，自己回娘家去了。小儿子唉声叹气，跟张老师说："你都那么大岁数了，就不能给我们做个榜样，留个好名声啊？"

　　张老师看儿子作难，心里也犹豫了。还没等他说话，辛老师那边打电话来告诉他，婚事不行了。因为辛老师的儿女们也开始给她进行思想教育了……

　　留守老人感情生活有的是一片空白，这还不说，隔代的培养也叫他们无可奈何。监护水平严重不足，不是溺爱，就是顾不上爱。留守老人有时候费力不讨好。在采访中一位留守老人这样说出了他的三

怕："怕生病、怕过节、怕花钱。"

习惯了留守的杨奶奶

我采访的第一个留守老人是我好友的邻居杨奶奶。

杨奶奶的家在市区一处马上要动迁的破旧二层小楼内，一楼几乎已经没有几家住户，我们顺着外廊的木质楼梯走上二楼，楼梯竖立的挡板都已经坏掉了，只在铁支架上铺一层木板。刚刚下过的一场雪使楼梯结上一层冰，连铁扶手上也全是冰花，我小心翼翼地跟着好友走上去。上了二楼是一个很深很暗的走廊，走廊内阴冷潮湿，借着从大门破洞中透过的一缕微光，我们敲开了杨奶奶家的房门。

从门缝里伸出一张苍白略显浮肿的脸，灰白的头发，稀疏的眉毛，深陷的眼窝里有一双近乎呆滞的眼睛。一看到我们，这眼睛亮了起来，闪着幽幽的光，里面有疑问，有惊喜，有期待。老人个子很高，背有些微驼，衣服应该是藏蓝色的，因为洗得发白，已不能辨认原来的色彩，在袖口居然还打着补丁。衣服尽管破旧，却很干净，似乎还能闻到皂粉的香味。

杨奶奶把我们请进房间，我环视了一下房间，整个房间的色调是灰色的，是陈旧木制品没经过打磨又经灰尘的累积呈现的那种灰。虽然房间里的家具陈设都很陈旧，但很整洁，一张木质的单人床铺着很干净的白床单，跟老人身上的衣服一样，是那种泛着陈旧的白。

好友跟杨奶奶说明了我们此次的来意，杨奶奶一点儿没有意外和拘谨，率先打开了话题，她用操着吴侬软语的普通话细细地给我们讲述她的故事。

第七章／夕阳路漫漫

我今年76岁了,不到20岁跟着他(杨爷爷)一起来东北工作,几十年了,到现在依然适应不了东北的气候,特别是冬天。东北的冬天很冷,刺骨的北风一刮就是几个月,这对于我这个来自于江南的人来说,是够遭罪的。他爷爷前些年去世了,四个孩子又都在外地工作,家里只剩下我一个人。以前照顾我的老邻居们也相继搬走了,这里住的人我几乎不认识几个了。我们这里没有暖气,大家都生炉子,我以前也生,毕竟暖和一些,后来,越来越老了,去年冬天又在冰上摔了一跤,腿脚就更不行了。

儿子回来给我买了个电暖气,说不让我生炉子了,一是怕煤气中毒,二是冰天雪地地去买煤,还要准备打炉底的劈柴,我实在干不动了。

你说我咋不去儿子那儿啊?儿子在那边跟儿媳妇总吵架,他要回来照顾我,儿媳妇就是不让,他自己的日子还过得不踏实呢,我也不想去麻烦他。小女儿在上海刚刚立足,上海那地方你知道,什么都贵,我去了就是累赘啊。

两个儿子几年前就走了,比我这老婆子走得都早。俩儿媳妇一个改嫁了,另一个也走了,撇下俩孩子,一个我大女儿带着呢,在湛江,本来挺好的,大女儿去年胃癌也走了。你知道(世上)最痛苦的是什么吗?是白发人送黑发人。我这孤老婆子也没有办法去管他们了。

老人说着用手绢擦拭眼睛,我不忍心再让她老人家伤心。正准备

结束话题，老人倒是先拄着拐棍吃力地站了起来，非要留我们吃饭，说尝尝她做的家乡菜。提到家乡，老人忍不住又讲了起来。

　　我的家乡在扬州，那里可是出美女的地方，人杰地灵，我当初也是大家庭出来的。他爷爷也是扬州人，他在油田工作，是个工程师。当年我就是看上了他的才气，才跟他一路来到东北。前几年我弟弟从老家过来看我，还跟我说呢，等我老了，回家乡去。他那边条件不错，让我回去养老。可是没过几年，他倒是先扔下我走了。家里还有俩侄儿，你说我再糊涂，也不能放着儿子不跟，回老家让侄儿养老送终啊。以前养了只猫，猫一直陪着我，我都给猫养老送终了，可是我还不死。我活着就是人（家）的累赘啊。难得你们来陪我话家常，一定吃了饭再走。

　　拗不过老人，我们陪杨奶奶吃了饭。奶奶手艺真不错，炒了两个菜，一个糖醋青椒，一个清炒莴笋，还真有江南风味。奶奶不断地用满是皱纹和老年斑的手给我们夹菜，看着我们吃，她看得都有些呆了。临别，我们跟老人约定，一定再来陪她唠家常。

　　几个月以后，接到好友的电话，说杨奶奶去世了。我惊讶地问，怎么会？他说，老人住的房子动迁，断水断电好几天，又赶上大雪，老人冻得不行，后来老人的儿子回来把奶奶接走了。一路颠簸加上之前的折腾，她刚到儿子住处就高烧不止，昏迷了一周后就再也没有醒来。

　　那天我的心沉沉的，眼前浮现的都是杨奶奶的身影，那灰白的头发,那微驼的背,那期盼的目光,那纵横的老泪,还有那一声声温软的江南话……人都说老年人害怕孤独,喜欢热闹,而奶奶呢,却享受不了儿女在一起的日子。或许,她已经习惯了留守的岁月。

被囚禁的夕阳

都说城市的夜适合喧嚣和放纵,可就在这霓虹璀璨的城市夜空里,还有这样一处孤单与寂寞,它远离了人群,远离了尘世的繁华,这是一处被人们遗忘的角落,在这样的角落里,居住着一群孤单脆弱的灵魂。他们是我们日渐老去的父母,是我们疾病缠身的爹娘,他们也曾明媚鲜艳如三月的鲜花、六月的朝阳,而今的他们却如秋叶一般破碎、孤独与忧伤。

江爷爷还没有睡,他总会在这样沉静的夜晚听着自己不安的心跳声,关着灯,就这样对着天花板。天花板上映着窗外闪烁的灯影车影,转啊转啊,转得他头晕晕的。

年轻那会儿总是烦人多,老伴儿喜欢逛街,他死活不爱去,人家去商店,他宁可坐在外面抽烟,就是不跟着进去,害得老伴儿每次都得商量营业员把衣服拿出来站在街上给他试来试去。而今,老伴儿离开自己都20年了。当初要是知道自己现在连个说话的人都没有,怎么也不会那样对待老伴儿。老伴儿,老伴儿,老了才是伴儿啊。可还没等你老呢,你就自己一个人走了。天天蜗居在这房子里憋闷啊,不知怎的,最近眼前总是晃动着老伴儿的身影,难不成这老家伙要来接自己归天了? 白天,还没等自己说一个字呢,女儿撂下饭碗就走了,整天忙忙碌碌的,也不知道忙个啥,也是六十几岁的人了,咋还这么忙? 连陪

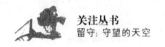

老爹说个话的时间都没有？

还是没有一丝睡意，江爷爷吃力地坐起身，他打开灯，找到遥控器，对着电视机按下去，没反应。他气急败坏地把遥控器扔到了桌子上。无法入眠的他，拄着拐棍在房间里开始绕着圈走。

夜静得可怕，只听见老人的踱步声和拐棍点地的嗒嗒声。这时的江爷爷情绪变得失控起来，他烦躁地拎起拐棍，用力地向地面砸去，一下一下，越敲越重越砸越深。此时他的脸却因这有节奏的敲击声的出现，而变得兴奋起来，嘴角居然露出了一抹笑意。

外面传来了敲门声，老人没有理会，照样用力地敲着。外面传来了邻居的喊声："半夜三更了，还让不让人睡觉了，再不停就报警了！"

警察还是来了，终于敲开了江爷爷的门。看到房间内只有一个年过八旬的老人，警察把满肚子的话咽了回去，只是轻轻地对爷爷说了句："老人家，太晚了，您该休息了。"

江爷爷年岁大了，糊涂了，他幻觉中出现老伴儿，出现儿女满堂的情景。晚上睡不着，他就不断敲击地板墙壁什么的，因为邻居的多次投诉，民警找到他的女儿。女儿也没有办法，只能把屋子里所有能够敲击的东西拿走。

江爷爷独自一人被关在屋子里，女儿也是六十的老人了，女婿患了脑血栓，也是不能行走，需要她照顾。孩子们也不省心，女儿原来是企业的职工，现在只能靠低保来维持生活。接走江爷爷不现实，没有地方住。照顾江爷爷也很难做到，每天送三次饭来，能够叫江爷爷吃饱，其他的就管不了那么多了。

第七章／夕阳路漫漫

夕阳的诉说

当夕阳把最后一抹彤霞落尽,他依然坐在湖边的长椅上,远处衰草萧瑟,一片凄凉。暮秋了,秋风卷着疏寒拂过他的脸,他不由得打了一个寒战。又是一个秋,当自己也步入人生暮秋的时候,对秋竟有着这般的留恋。往事不堪回首,如今的自己也如这秋叶,终究逃不过似水流年,逃不过落木萧萧。

魏秋华,一个退休赋闲在家的老人,说他老,其实还不算很老,刚刚 65 岁。他每天都会来这个湖边小坐,一坐就是大半天。

他结过两次婚,有两个女儿,跟前妻生的大女儿出嫁后随丈夫去了英国。小女儿是跟现在的老伴儿生的,刚刚大学毕业,在北京工作。老伴儿为了照顾女儿,也跟着去了北京,并在北京找了份工作安顿下来。

老魏 60 岁那年退休,为了发挥余热,单位又留了他几年。上班那会儿,他还觉得自己很年轻。其实他长得真的不老,近 1.80 米的个子,西装笔挺,显得精神。

真正退下来还是一年前的事,加上老伴儿也不在身边,老魏无所适从了。天天忙碌惯了,一下子闲下来,他不知道自己应该做点儿什么,更不知道还能做点儿什么。

老家还有个老妈,跟着妹妹生活,他昨天做梦梦到老妈了,老妈说想他了。早上他给妹妹打了个电话,问了老妈的情况,说准备回去看看老人家。妹妹问他身体怎么样,他说可能是真的老了,这几天觉得胸口有点儿憋闷,妹妹催他去医院看看,他答应了。

天渐渐地黑了，他慢慢地站起身，系上领口的扣子，一步一步地往家里走去。

上了楼，他给自己倒了一杯红酒，打开电视机坐在沙发上小酌。突然感觉胸口闷胀疼痛，呼吸变得困难，身上一点儿力气都没有，他慢慢地向放着电话的茶几边移动，可是身体根本不受他的控制。他想站起身，可是头一阵眩晕，随即他的身体重重地砸向地板，再也没有起来。

那晚，大女儿打来电话，一直无人接听，手机也是关机状态。第二天还是如此，她又联系了北京的妹妹，妹妹往家里打，还是联系不上。当小女儿跟老伴儿赶回家中，已经是两天以后。打开房门，电视机还开着，老魏却早已停止了呼吸。

而这样的悲剧，在留守老人中还在不断上演。

家住城郊的王守荣老人，今年已经76岁了，老伴儿死了多年，两个儿子都在外地打工，老人家自己靠收旧家具度日。那一年冬天，几场大雪下来，气温骤降，老人独居的小平房没有什么供暖设备，只有一个电暖风，再就一个电褥子。

老人家平时好喝点儿酒，不多，一顿一壶，一来是为了取暖，二来也为了解乏，我想更多的是酒能缓解和排遣内心的孤独吧。

这一天又是大雪，老人很早就收工回家了，回到家先打开电褥子给被窝预热，又烧了壶开水，烫了一壶酒，备上俩小菜，自己喝了起来。

酒罢，洗洗涮涮后，老人就躺下了。睡到半夜，他被一阵心绞痛疼醒，老人的心脏病不是一天两天了，床边备着救心丹，以前也曾经犯过

234

这毛病,那几次都是含下几粒待会儿就好了。这一次老人倒是一点儿也没害怕,他往床边摸那药,结果床边空空的,他这才想起来,昨天换被单,药跟被单裹在了一起,被他放在电视旁边了。他准备摸索着下地,身子却怎么也起不来,无奈他的头又躺回到枕头上,谁知这一躺就跟老魏一样,再也没有醒来。

20天后,邻居发现他家门一直反锁着,便报了警。当人们看到老人时,他已经被电褥子烤干了。

当我们不断目睹留守家庭上演的一幕幕人间悲剧,除了痛心扼腕以外,我们能去指责谁?指责儿女吗?为什么有这么多狠心的儿女抛开自己的父母,去追求金钱,追求物质?如果有所选择,哪一个父母愿意骨肉离散?哪一个子女又愿意承载这么多的苦难和遗憾?

无法化解的伤痛

纪慧娟生活的这个小山村贫瘠、荒凉,却有着一个美丽的名字——凤凰岭。凤凰岭上除了光秃秃的石头,就是贴着地皮高的薄草。这样一个穷地方,靠土地是养活不了人的,所以村里绝大多数的壮劳力为了生计都跑到城里打工去了,这其中也包括纪慧娟的五个子女。

纪慧娟今年77岁,她不到40岁那年,丈夫就死了。她自己一个人拉扯大五个孩子。孩子们大了,她也老了,逢年过节,五个子女返乡都直奔自己的小家了,撇下她孤零零地空守着不足10平方米的土坯房。

她患有严重的关节炎,身子根本站不直,每年春耕,她都得拖着佝

偻的身躯,连拖带爬地伺候着半山腰上自己开垦的一亩来地。到了秋收,她一条垄一条垄地爬着掰苞米,再去求邻里乡亲帮她把苞米和秸秆拉回家。

中秋节,在外打工的三儿子寄来一包月饼,村里为照顾孤寡老人分了一桶豆油,她都笑得合不拢嘴,这是她这辈子收到的最奢侈的礼物。

年前,纪慧娟老人突然病了,右腿说什么都不听使唤了,这让本就孱弱孤苦的老人更是雪上加霜。每天老人爬着上下炕,爬着上厕所,可是她怎么也爬不上那满是石头的山啊。

一个冰冷的冬天的午后,老人爬到院子里,在一棵枣树上系上三尺麻绳,结束了自己的生命。

她走了,走得那样凄凉。什么都没有带走,什么也都没有留下。

她走了,带走在这世界的最后一片冰冷,留下一地永远无法化解的伤痛。

78岁的老人李玉梅出殡这天,村口聚集了好几位老态龙钟的奶奶,她们聚在一起是为了给李玉梅奶奶送行的。送行的队伍渐渐远去了,这几位奶奶依然站在寒风里,久久不肯归去。

奶奶们跟李玉梅几乎差不多一个时期嫁到村里,乡里乡亲几十年,年轻那会儿常在一起拿着针针线线,聊着家长里短。那时候,李玉梅奶奶是村里的妇女队长,没少帮大家的忙。

李奶奶半身不遂,已经卧床好几年了,儿子在外打工,邻村的女儿就承担起照顾老人的责任。女儿把老人接到家中,一日三餐倒也应时,只是白天的大段时间里依然是老人自己独处。没办法,女儿也得为生活奔波,她在村口开了个食杂店。

那天,李奶奶的女儿照顾李奶奶吃过早饭,就出去上货了,剩下李奶奶一个人躺在炕上。女儿早上怕妈妈冷,就在屋里的灶坑里添了半捆秸秆烧烧炕,还没等灶坑的火全都熄灭,女儿就匆忙走了,灶坑边缘还留下不少未烧的秸秆。这时候灶坑里面的余火蹿了出来,直奔那堆未烧的秸秆,迅速就把秸秆点燃。秸秆边就是房屋的木梁,借着火势,火舌一下子就蹿起老高,屋内浓烟滚滚,可怜的李奶奶动弹不得,被大火团团包围。等大伙赶到的时候,李奶奶早已被烧得面目全非,惨不忍睹。

这些留守老人的故事,只是千千万万的留守家庭的缩影,在广袤的中国大地上,每一天都在上演着这样的故事,在这些故事中我们读到了什么?除了心疼心碎,除了感叹感慨,我们是否在想,用什么样的方式才能阻止这样的悲剧发生,才能让这些老人们能够真正享受到老有所依的天伦之乐?

随着越来越多的青壮年背井离乡进城务工,留下一个个独自守望着家园的孤单身影,与城市老人相比,农村留守老人不仅要承担起抚养孙子孙女的重任,他们中间的很多人还要辛苦劳作于田间地头,他们成了乡村的主要劳动力。老人们在默默操劳的同时,内心还要承受着对子女的思念,承受着孤独与寂寞的煎熬。

在这个海拔 800 多米的小山村里,居住着 140 口村民。大山养育了祖祖辈辈的山里人,千百年来,人们在这块土地上劳动生活,山,是

他们的根。

而今，140 口人的小山村，却仅剩下 10 个村民，全是老人。是大山容纳不下她的儿女吗？为什么儿女们要执意挣脱大山的怀抱，去城里寻求自己的梦？

住着祖辈传下来的用石头垒砌的房子，走着祖先们用汗水开辟出的山路，老人们的背影是如此无奈、孤单、寂寞、苍凉。

生活在平原的李茂昌老人的家像个幼儿园，家里从来不缺少欢声笑语，七个孙子孙女整天围绕在老人的身边叽叽喳喳。李老汉是园长，老伴儿就是炊事员。可是遍寻整个院落却看不到一个青壮年的身影。

李老汉的三个儿子都在南方打工，三个儿子筹资为老人盖了三层楼房，同时也甩给老人七个幼小的孙子孙女。

老人不仅要照顾他们的生活起居，还要侍弄两亩农田，由于缺少子女协助，他们就得承担起繁重的体力劳动。对这些老人来说，土地是他们的根，他们无论如何也不会放弃对土地的依恋。

磨盘村也是个小山村，这里的磨盘柿子全国都有名，可今年柿子熟了，却依然高高地挂在枝头，有一些甚至掉到地上。眼看着这些金灿灿的柿子腐烂变质，村里老人居然是束手无策。到底怎么回事？

原来磨盘村的青壮年劳动力都外出打工了，剩下的不是留守老人就是留守妇女和留守儿童。高高的柿子树直入云霄，老人们即使搭上高梯也无法把它们够到。卖柿子一斤才 4 毛钱，即使采摘，一天下来才不到 100 元，都不够雇佣劳力的费用。无奈，老人们只能眼睁睁地看着又红又大的柿子坏掉,落下来,成泥成土。

晚节不保的尴尬

面对这些留守老人,面对他们孤独单调的生活,面对他们生活的窘困和疲惫,我们真的不知道应该给予什么样的安慰。

农村的留守老人除了承担繁重的生产劳动之外,业余生活也极其枯燥简单。刘新华老人年轻时做过小学校长,退休以后,赋闲在家。因老伴儿过世早,一个人在家无所事事,以前自己花钱订了不少报纸,每天坐在家里还能够靠读报打发一些时光,后来因为生活拮据连订报纸的钱都舍不得花了。白天,他就坐在外面听听广播,晚上只能躺在家里数时间,六七点钟就睡觉。单调枯燥的生活,令这位老人非常无奈和痛苦。

为了打发寂寞无聊的时光,一些老人学会了赌博。耿大爷65岁,两个子女都在外地打工,家庭经济状况本不宽裕,而且他自己还患有严重的脑梗塞,智力也受到一定的影响。后来结识了两个三十几岁的青年汉子,学会了赌博,居然离奇地输了20多万元,除了在赌博现场输掉了现金1万元以外,还打下了19万元的巨额欠条。他不敢告诉自己的孩子,就在亲友当中到处讨借。他的儿子回家过年期间,发现父亲四处借钱,举止异常,一再追问之下,才知道父亲居然赌博输掉20万元巨款,家人觉得事有蹊跷,遂向公安机关报案。原来他是被那两个青年汉子在玩牌的过程中通过做手脚骗了20万元。

老人们的生活是孤独的,因孤独带来精神上的空虚,为填补空虚而导致的老人违法犯罪现象也不断发生。

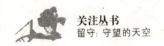
赵老汉 70 岁,老伴儿死了 10 多年了,一直跟大儿子在一起生活。大儿子跟儿媳去南方打工了,他身边只留了一个上高二的孙子。赵老汉身体非常健康,每天去公园遛弯,还捎带着给孙子做做晚饭,生活还算舒坦。可赵老汉有个非常不好的恶习,没事就往家里带公园里勾搭上的中年女人,自己那点儿劳保钱都贴补这上面了。有一天,孙子放学早,自己拿钥匙开门进屋,把正在床上颠鸾倒凤的赵老汉撞个正着。气得孙子转身就往外面跑,边跑边打电话给父母诉苦,说再也不跟爷爷一起生活,太丢人。无奈,儿子大老远飞回来,跟赵老汉彻夜长谈,他求得孙子原谅保证不犯,这才罢了。

最近,泉上村一个智力低下的女孩白晶晶每天早上起来就呕吐不止,家人带她去医院检查,发现女孩已怀有四个月身孕。家人报案后经公安机关排查,发现了犯罪嫌疑人系本村的留守老人李洪林。李洪林今年 71 岁,子女都在外地打工,老伴儿也死了多年。李洪林一个人在家无事可做,为打发无聊的时光,他就打起这个智障女的主意,没事就以小恩小惠来骗取女孩的信任与好感。一天,白晶晶从李家路过,李洪林顿生歹意,拉白晶晶进屋,与其发生了性关系。从那以后,白晶晶就成了李洪林发泄性欲的工具,终致女孩怀孕。而他则以强奸罪被警方逮捕。

而另一位 75 岁的留守老汉王银生,则把邪恶的目光盯在了留守女童身上。他先后用诱骗的方式诱奸了一个 8 岁和 11 岁的同村女童。

我们发现因生活空虚和不健康的心理引发的性犯罪近年来呈多

发趋势,而侵害对象大多为年幼、智障等女性弱势人群。在农村,特别是偏远的地区,丧偶未娶的老人占有相当大的比例,他们尚有生理需求,因子女反对或怕被人笑话,不敢再婚。在不健康的心理支配下,有的老人就心生邪念,从而引发性犯罪。大多数老年人文化程度低,法律意识淡薄,自我约束能力差,存在侥幸心理。由于老年男性大多年老体弱,处于各种劣势,不敢打成年妇女的主意,一般采取非暴力诱骗等手段,把性犯罪的目标锁定在幼女、弱智女性身上。

孤独的守望者

"我住在一个小山村,那里有我的父老乡亲,胡子里长满故事……"喜欢这首脍炙人口的歌曲,每当听到,我都会想起家乡的山水和家乡的亲人。

我老家那个小山村,只有几十户人家。这里是名副其实的留守村庄,留守孩子、留守女人、留守老人几乎家家都有。

这些老人的内心世界,很少有人去关照。这些留守老人的生活境遇,很少有人去过问。他们需要慰藉,他们需要交流。可是,我们一直是忽略他们的。

家住柳村的王老太80岁了,四个儿子都在外地,她自己的身体还很硬朗,家里的一般农活都是她自己做。老儿子在县城高中当老师,时不时地还可以回来看看老人。一天,老人早早休息了,睡到半夜,觉得屋里有陌生人的呼吸声。老人反应挺快,她屏住呼吸,躺在被窝里没有起来,只感觉那个人朝自己走了过来,把手伸进被窝里,在老人的鼻子边停住,老人还是没有动。估计这个人觉得老人还在熟睡中,就放心地开始在房间里搜索起来,找了半天,也没见啥值钱的东西,径直

打开房门离去。此时的老人被吓得不敢移动身体，就这样一直等到天亮。她给老儿子打了电话，诉说了此事，把儿子吓得赶紧把母亲接到县城的家中。

王老太是幸运的，虽然受了一些惊吓，但人财都安然无恙。而邻村那七个留守老人就没有了这种幸运。在短短的四天里，七条年迈无辜的生命就这样消失在一个杀人恶魔的手中。被杀的留守老人都居住在偏远的大山深处，只是因为罪犯的经济拮据，便把罪恶的黑手伸向了这些手无寸铁、毫无抵抗能力的无辜老人身上。

要想使留守老人老有所养、老有所依，没有后顾之忧，需要很多方面的关注。健全老年人社会保障体系是迫在眉睫的大事。提高全民敬老养老意识，使留守老人真的得到幸福，这对于我们来说，任重而道远。

有专家指出，在农村社会化养老机制尚未形成之前，传统式家庭化养老仍是农村养老的唯一形式。要在中国广袤的农村建立起惠及每个农村老人的养老保险有相当大的难度，家庭养老的作用依然不可小觑。相当长的一段时间里，子女仍是抚养留守老人的绝对主力军。因此，如何提高子女对留守老人的经济赡养和敬老养老意识就显得格外关键。

可是我们不禁要问，当家庭养老遇到问题的时候，这些留守老人该何去何从？

在城市，一些没有生活能力的人，还能够享受到低保的政策。而在农村，这些老人是没有这样的待遇的。他们从在这块土地上出生开始,就没有医疗保险和保障,就没有享受优惠待遇。干了一辈子,死亡才是退休。而且是没有退休金的。近年推行的农村医疗保险,以及老人到了 60 岁以后按月发给的 55 块钱补助,某种程度上改善了农村老人的生活状况,但是,这一切还远远不够。失去了生活能力和保障,应该去养老院颐养天年,实事求是地说,在农村的养老院远远不够。

同时,政府要大力加强农村医疗卫生条件建设。要加大投入,在医疗人才、医疗设备及医疗管理上狠下功夫,不断提升农村医疗卫生保障能力。要完善农村医疗保险制度。留守老人大多体弱多病,门诊费用高。按照目前农村医疗保险规定,只有住院才能得到较多的费用报销,而村级的门诊费报销比例低,因此要在逐步提高住院费报销比例的同时,提高 60 岁以上的农村参保老人村级门诊费的报销比例,切实解决他们看病贵的问题。

"三农"问题难解决,是我国农村从土改以后就按照计划经济体制的要求,把农民组织到高级农业合作社、人民公社的体系里,逐步形成了城乡二元经济社会结构体制的结果。这种城乡二元结构体制,是为计划经济服务的,限制、束缚了农业、农村、农民的发展。改革开放以后,中国实行社会主义市场经济体制,经过 30 多年的努力,在城市,在二、三产业方面已经破除了计划经济体制的束缚,已经基本建立了社会主义市场经济体制,但因为各种原因,城乡分治的户籍制度和集体所有的土地制度等重要体制还没有改革,所以在农村城乡二元结构的体制还继续存在着,这就是我国"三农"问题久久不能解决的根本原因。

要消除城乡差别,纠正城乡失衡,不仅要清除不合理的制度,解决制度不公和失当的问题,还要进行制度创新,解决制度无力和失效问题。只有公正而有效的制度才能为城乡协调发展提供根本性的保障。从目前来看,最首要的任务就是必须消除城乡之间在居住、就业、社保、教育、医疗、税收财政和金融等方面不公平和二元化的政策和制度,实现政策的统一和制度的公平。

几年前我在辽宁省孤儿学校体验生活,在采访中得知,学校主要收留的孤儿对象为城市孤儿。我突然想到,那我们乡村的孤儿该怎么办? 就像现在,城市的老人,他们还可以享受退休金或者低保收入,而我们乡村的留守老人,他们操劳一辈子,却两手空空。那时候我才震惊了,什么时候城乡之间出现了如此深的鸿沟? 原来我们一直是不平等的。可是我们生活在同一个国度里,在同一片蓝天下啊。

人生最凄惨的莫过于在风烛残年之时,还守着一身的贫穷,守着一个无望的晚景。这些留守在农村的老人们怎么也不会想到,自己会有一个如此凄清的晚年生活。

不仅仅是在农村,在城市的大街小巷也常见那些孤单守望的身影。如果你愿意静静地注视他们的眼睛,你会发现那里面有无边的想念、无数的期待和无尽的叹息,那因守望而涌起的泪水已经润泽不了他们的心。他们正在渐渐老去,渐渐衰亡,他们是这个城市中的弱者,弱到无法让自己有尊严地活着。他们的背影是那样凄凉和忧伤,他们的身体是那样孱弱和孤单。我在想,如果有一天,我们老去,我们是否也跟他们一样?

　　我怀恋那些过去的时光,怀恋那些子孙满堂、满面红光的老人们的笑脸,而今无论是城市还是乡村,这种儿孙绕膝的天伦之乐正在渐渐消弭。中国正快速进入老龄化社会,农村空心化、城区空巢化的情况也在加剧。让我们有尊严地老去,让我们老有所依、老有所乐,这将是当今中国最该面对的难题。

　　"将出牵衣送,未归倚阁望。"愿人间少些这样的期盼。愿"天意怜幽草,人间重晚晴"这样的美丽诗句不要只在书本间传唱。

结　语

天气晴好，鸟都在垒巢

难得的体育课，露珠都在跳舞呢

昨天又去办公室报到的席俊达

神情有点儿恍惚，眼睛里还有冬天的影子

爸爸在深圳，妈妈在北京

亲情那么久不见了，有些淡忘

妈妈刚回来，明天又要走了

想让她带走的，她

都能带走吗

孩子的心愿,妈妈带不走;孩子的幸福,妈妈也带不走;孩子的童年,妈妈更带不走。留守儿童的烦恼,什么时候能够引起我们全社会的关注?

当前农村留守儿童所出现的问题,真诚呼吁全社会都来关心和关注。它不仅仅是这些农村的外出务工人员简单的家庭问题,不仅仅是留守儿童自身的问题,它关系到全社会现在和将来着重面临和解决的问题。它不仅仅是对留守儿童的教育问题,更是关系到整整一代人思想行为乃至健康成长的大问题。如果得不到及时解决,势必就会影响到社会的稳定,国家的长治久安,而随之带来的一系列严重的后果,每个家庭与社会都将会为此付出沉重的代价。

要想解决留守儿童存在的问题,第一,必须要建立健全留守儿童工作机制。各级政府不应该只把这项工作作为一种爱心工程,而要切实从基层入手,把其作为一项全社会的系统工程。建立健全各项职能,并严格划入行政分工,使其成为各级政府的主要工作目标。并制定出完善的行动计划和具体措施,跟地方政府的政绩挂钩,将留守儿童工作纳入其全年工作考核目标,政府、学校、社区、家庭、邻里多方协同推进。

第二,完善相关政策法律法规,以切实的手段来保证农民工子弟享有同等的受教育权利。

国家应该考虑出台相应的法律法规,用法律的手段给农民工子女提供切实的法律保障。应该真正打破升学、就业、医疗、住房等相关的限制,为这些外来务工人员提供更多的法律上的支持。最大限度地降

低农民工子女入学、就业等的门槛，从源头上减少或消除留守儿童这个群体。

据悉，全国各地相应出台了一些法律法规来切实保护留守儿童的权益。

河南：《河南省未成年人保护条例（修订草案）》2010年5月25日提请省人大常委会审议，修订的内容主要围绕留守儿童、校园安全、网瘾等社会上出现的新问题。

重庆：2010年5月11日重庆欲为未成年人立法，保护其健康成长，其中包括重点关注农村留守儿童。11日，《重庆市未成年人保护条例（草案）》（简称《条例》）提交重庆市三届人大常委会第十七次会议审议。

《条例》规定，父母或其他监护人因外出务工或其他原因不能履行监护职责时，应委托有监护能力的其他成年人代为监护，并将委托监护情况告知未成年子女所在学校和户籍所在地或居住地村民委员会、居民委员会；外出务工人员较集中地区每个乡镇至少建一所寄宿制学校，在乡镇、村社推行外出务工人员子女托管服务机构建设，并对家庭经济困难的未成年学生给予寄宿费用减免或资助。

安徽：新修订的《安徽省未成年人保护条例》新增留守儿童权益保障条例，用法律保护留守儿童。

　　条例规定,父母或者其他监护人因外出务工或者其他原因不能对未成年人履行监护职责的,应当委托有监护能力的人员代为监护,并将委托监护情况告知未成年人所在学校、村(居)民委员会。父母应当与学校、未成年子女和受委托监护人保持经常联系,关心未成年子女的身心健康和生活、学习情况,提供必要的生活保障。

　　全国政协十届四次会议上,敬一丹等24名政协委员提交了《关于为农村留守儿童建立成长保障制度的提案》。《提案》称,在一些劳务输出大省,留守儿童在当地儿童总数中所占比例高达18%～22%,农村留守儿童问题已成为不可忽视的社会问题。

　　第三,各级政府应该通过建立公办或者扶持民办的农村留守儿童服务性机构,类似寄宿学校或者托管中心,利用广泛的社会资源,真正地为留守家庭解决后顾之忧,为留守儿童提供必要的健康成长环境和高质量的教育途径。书中提到的陕西省安康市的"石泉模式"就很值得借鉴和推广。而像冯丽丽等关注留守群体的社会爱心人士,他们不但应该得到全社会的尊重,也需要强有力的支持。

　　第四,优化儿童成长的社会环境,真正为孩子们创造良好的社会氛围,严厉打击任何形式的针对破坏儿童成长的各类犯罪。利用广播、电视、网络、报刊等媒体,给儿童正确的舆论导向,培养儿童高尚的道德情操,用积极健康的题材和观念引导儿童正确分辨是与非、善与恶、美与丑。这是全社会应尽的责任与义务。

总之，要从根本上解决农村留守儿童问题，需要各级政府真正的重视和拿出切实可行的有效措施，这个工作任重道远。

作为留守群体，留守老人和留守女人也一样需要得到关注。留守群体，其实也是中国现代化进程的阵痛。解决好留守群体存在的问题，必将促进社会的进步，改善人民的生活质量，这将是头等的民生大事。

在本书结尾的时候，我突然想起了那个关于幸福的话题。

孩子：爸爸妈妈，你们什么时候回来？

爸爸：这个……过年的时候就回来。

孩子：可是你们都说过很多次了。爸爸妈妈说话不算数。

妈妈：孩子，你在家好好听话。

孩子：妈妈，你们为什么要出去打工啊？

妈妈：打工赚钱。

孩子：赚钱干什么？

爸爸：为了你能够过上好日子，过得幸福些。

孩子：幸福是什么？

妈妈：幸福就是有很多钱。别人家孩子有的，你也有。

孩子：爸爸妈妈，其实我的幸福是和你们在一起。

爸爸：孩子，别任性。

孩子：妈妈，那我们现在不幸福啊。

妈妈：我们不是为了以后幸福吗？

　　孩子:为了以后的幸福?所以现在选择了不幸福。那以后的幸福就是来了,我们也无法找回现在的幸福了啊。以后的幸福就是有钱吗?以后的幸福是什么样子,我们现在怎么知道?以后的幸福就一定能够叫我们幸福吗?……

　　我们这些自以为是的大人,其实是在牺牲着实实在在的幸福啊。我们全社会在追求幸福的道路上,牺牲了孩子真正想要的幸福,仅有的补救措施真的就能够从根本上愈合孩子残缺的幸福吗?物质生活的贫穷不是孩子面对的最大苦难,精神和心理的渴求才是孩子们最需要解决的问题。

本书配诗:李月红

本书图片提供:张大为　常海鹏　翼　天　陆俊菁　文晓辉
　　　　　　海　鸥　郑小驴

本书观点并不代表本社立场